지구의
내일을
부탁해!

SDGs
지속가능개발목표

미래를 바꾸는 17가지 특별한 아이디어

Presents

MIRAI WO KAERU MOKUHYOU SDGs IDEA BOOK

미래를 바꾸는 목표

SDGs라는 말을 들어본 적이 있나요?

Sustainable Development Goals = 지속가능개발목표

SDGs는 2030년까지 선진국과 신흥국, 개발도상국의 국가와 기업, 비영리단체(NPO), 개인이 모든 장벽을 초월해 협력하여 더 나은 미래를 만들고자 유엔에서 정한 17개 목표입니다.

SDGs는 지금보다 더 좋은 세상을 만들고 싶어 하는 전 세계 많은 사람이 의견을 모아 만든 '미래를 바꾸는 목표'입니다. 그리고 세상에는 이미 새로운 미래를 믿으며 독특한 아이디어와 열정으로 행동을 시작한 사람들이 많습니다. 이 책에 실린 근사한 아이디어들을 꼭 한번 읽어보기 바랍니다. 같은 시대에 같은 별에서 태어난 지구인으로서 '나도 새로운 미래 만들기에 참여하고 싶다'는 생각이 들지 않을까요?

이 책은 유엔, 기업, 비영리단체, 교육자, 전문가, 크리에이터 등 영역을 뛰어넘는 많은 이의 협력으로 완성되었습니다. 이 책이 '미래를 바꾸는 목표'에 관해 알고 앞으로 이를 실현하기 위해 행동하는 사람이 한 명이라도 더 늘어날 수 있는 배움의 장이 되었으면 합니다. 이 책이 나오기까지 함께해주신 모든 분께 진심으로 감사의 말을 전합니다. 그리고 앞으로 여러분과도 만나 함께할 수 있기를 기대합니다.

우에다 소이치(上田壯一)

SDGs for School 실행위원 | 일반사단법인 Think the Earth

Contents

17개의 목표와 '미래를 바꾼 아이디어'

이 책의 구성

지속가능개발목표(SDGs) 17개를 각 목표별로 요약과 사례로 나누어 수록하였다. 요약에서는 각 목표에 해당하는 전 세계 상황을 인포그래픽으로 소개하고 목표 내용을 설명하였으며, 사례에서는 해당 목표를 실현하는 대표적인 아이디어 두 가지를 소개하였다.

[요약]

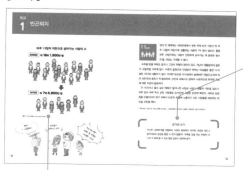

다른 목표와의 관련성이나 해당 과제에서 생기는 의문을 제시했다. SDGs를 다각도로 파악하는 힌트로 사용하자.

목표와 관련된 많은 데이터 중 대표적인 데이터를 인포그래픽으로 표현했다. 최신 수치와 연관된 다른 데이터는 스스로 조사해 보자.

[사례]

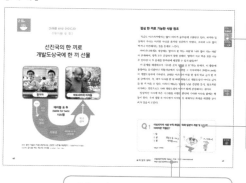

서로 관계가 있는 목표들을 보여주기 위해 관련된 목표를 강조 표시했다.

※목표17은 유엔이나 각국 정부와 협동인 경우

목표와 관련된 키워드 해설과 토막 지식을 얻을 수 있는 퀴즈를 실었다.

개개의 활동 내용에 대해 자세히 알고 싶은 사람은 꼭 클릭해 보자!

SDGs의 주체는 바로 나

2015년 9월 유엔에서 채택한 '지속가능개발목표(SDGs)'는 그 결정 과정 자체가 상당히 독특하다. 3년에 걸쳐 전 세계에서 정부, 유엔, 시민사회, 기업, 연구자, 여성, 청년 등 다양한 입장의 사람들이 협의를 거듭하고 온라인 조사를 통해 세계 각지에서 천만 명이 의견을 모아 '모두를 위한, 모두가 지지하는' 목표를 세웠다. 이처럼 SDGs는 정부, 유엔과 더불어 기업, 자치단체, 개인 등 누구나 참여할 수 있는 구조이며 전 세계 모든 사람이 주인공이다.

이번 세기에 들어 우리 생활에 급격한 기후 변화가 엄습했고, 빈부 격차는 더 벌어졌으며, 분쟁이 증가하면서 난민의 수는 제2차 세계대전 이후 최고 수준에 달했다. 이대로 가다가는 아름다운 지구를 후손들에게 물려줄 수 없을 거라는 강한 위기감에서 SDGs가 탄생했다. 모든 유엔 회원국이 약속한 경제·사회·환경적 측면을 포괄적으로 추진하면서 2030년까지 모든 형태의 빈곤에 종지부를 찍는다는 매우 야심 찬 '범세계적 사회계약'이다. SDGs는 모든 사람이 행위의 주체자로서 최종 도달점에서부터 역산하여 행동하지 않으면 도저히 달성할 수 없는 목표다. 필자가 기회가 있을 때마다 'SDGs의 주체는 바로 나'라고 강조하는 이유는 이러한 배경 때문이다.

SDGs의 실천에 '정답'이란 없다. 하지만 SDGs를 실천하다 보면 공통의 과제를 짊어진 사람들 간에 연대 의식이 높아지고, 모든 일을 유기적으로 연결 지어 종합적으로 사고하는 힘이 커지며, 비전과 자원을 가진 사람들이 분야를 초월해 서로 협업함으로써 더 좋은 방향으로 나아가는 기획력이 길러진다.

또 SDGs는 선진국부터 개발도상국까지 모든 국가가 보편적으로 참여하는 이른바 세계 공통의 기준이다. 목표 달성을 향한 모든 활동을 이 기준에 따라 평가하고, 모범 사례와 교훈을 세상에 널리 알려 공유하는 시스템이다. 한편 SDGs는 민간단체나 지방자치단체를 세계적인 논의에 직접 연결하는 '입구'이기도 해서 의지를 가진 단체들을 함께 이끌어가는 추진력이 있다. 물론 아이들도 참여할 수 있다. 책에 나오고 시험에 나오니까 배우는 것이 아니라 더 나은 미래를 만들어가기 위해 스스로 실천가가 되어 배우므로 그 즐거움은 한층 더 커진다.

인권을 기반으로 한 '누구도 소외되지 않는다'는 SDGs의 이념은 난민을 비롯해 소외되고 배제되기 쉬운 사람들을 포용하는 것으로, 난민의 권리 보호를 위해 오랫동안 힘써온 필자로서는 꼭 강조하고 싶은 내용이다.

미래의 아이들이 역사를 되돌아봤을 때 SDGs를 긍정적 유산으로 느낄 수 있도록, 미래 세대의 싹이 잘 자라도록, 그리고 다양한 사람들이 자신답게 살아갈 수 있는 그런 사회를 우리 함께 반드시 이뤄보자!

유엔 홍보센터 소장 네모토 가오루(根本かおる)

2030년의 경제·사회·환경을 생각하자

가니에 노리치카(蟹江憲史) ● 게이오대학 대학원 정책·미디어연구과 교수

여러분은 어른이 됐을 때 자신이 사는 동네나 사회 그리고 세계가 어떤 모습일지 상상해 본 적이 있는가?

미래 세계는 지금과는 상상 그 이상으로 다른 세상일 것이다. 휘발유차보다 전기차가 많아질 테고, 자율주행도 빠르게 진화할 것이다. 자동차를 소유하기보다는 '공유'하는 사람이 훨씬 더 많아질지도 모른다. 태양광 발전이나 풍력 발전도 지금보다 널리 보급되고 자연의 힘으로 에너지를 만들어내는 일이 당연해질 것이다. 회사가 아닌 집에서 컴퓨터로 업무를 처리하면 되고 그만큼 출퇴근하는 사람이 줄어 대중교통 혼잡도 덜 할 것이다. 또 인터넷 사회의 진화와 인공지능의 발달로 일의 종류 자체가 달라질 것이다.

SDGs는 그런 세상에서 여러분이 무얼 하고, 어떤 사회를 만들어가면 좋을지를 알려주는 '길잡이'가 된다. 2030년 세계의 모습이 바로 SDGs의 목표 모음이다. 놀랍게도 여기에는 모든 분야의 목표가 망라되어 있고, 유엔 회원국 모두가 이 목표에 합의했다. '모든 분야'라고 표현했지만 다시 크게 세 가지로 나눌 수 있다.

첫째는 경제 문제다. 어떻게 경제를 성장시킬 것인가, 어떻게 산업과 기술을 혁신할 것인가, 일하는 방식은 어떻게 해야 좋은가 등이 여기에 포함된다.

둘째는 사회 문제다. 빈곤과 굶주림에 고통받는 사람이 없도록 하고 건강한 사람이 많아지게 한다. 모든 사람이 공평하게 교육받고 생활하기 편리한 마을과 도시를 만든다. 남녀 차별을 없애고 힘을 모아 평화로운 사회를 만들어간다. 여기에는 차별과 격차를 없앤다는 생각이 바탕에 깔려 있다.

셋째는 환경 문제다. 환경이라 하면 바다나 육지 환경이 가장 먼저 떠오르지만, 그뿐만이 아니다. 기후 변화 같은 지구 환경 문제는 에너지 소비 방식 그리고 우리가 평소 먹는 음식이나 물 같은 자원을 생산하고 처리하는 방식과도 밀접하다.

이러한 과제를 전부 모아 17개의 목표로 정리한 것이 SDGs다. 각 목표에는 총 169개의 구체적인 '세부 목표'가 있다. 목표 17개와 세부 목표 169개, 이것이 2015년 9월 유엔 총회에서 채택한 SDGs다.

'평가'가 만들어내는 효과

'국제적으로 규정한'이라고 하면 규제 같은 법적인 틀이 연상되지만 SDGs는 다르다. SDGs는 법적 의무를 지닌 약속이 아니라 자발적 동참을 촉진하기 위한 목표다. 따라서 참여하는 방식은 천차만별이며 국가나 기업, 노인이나 아이 등 저마다 맞는 방식에 맡긴다. 유일한 틀은 '평가'다. 2017년 여름에는 전 세계 SDGs의 진척 현황을 분석하기 위한 지표 232개를 결정했다. 물론 이것만으로 전부 분석할 수는 없어서 지표는 앞으로도 계속 개선해야 하지만, 평가를 위한 출발 지점은 일단 정해진 셈이다.

평가한다는 건 비교도 가능하다는 의미다. 비교하면 더 좋은 성적을 내려는 경쟁심이 유발된다. 이것이 SDGs가 노리는 바다. 자유로운 경쟁 속에서 더 좋은 성적을 내기 위한 경쟁이 시작된 것이다.

그렇다면 왜 경쟁을 하려 들까? 그 이유는 목표로 삼은 방향을 모두가 이해하기 때문이다. 2년간의 국제 교섭을 거쳐 SDGs를 만들면서, 유엔 역사상 최대 규모로 의견을 청취했다. 이해관계가 있는 다양한 사람들과 국가의 의견이 직접 또는 인터넷을 통해 전달되고, 교섭에도 그러한 목소리를 수렴했다. 현장의 목소리가 반영된 목표이므로 모두가 이해하고 가능한 한 빨리 도달하려는 것이다.

경쟁하려는 또 다른 이유는 세계가 나아가야 할 방향을 SDGs가 제시하기 때문이다. 지금 세계는 '지속가능하지 않은'에서 '지속가능한'으로 변화하고 있다. 이를 신속히 실현한다면 그 너머에 있는 '지속가능한' 세계에서 재빨리 자신들의 입장을 확립할 수 있다. 바꿔 말하면, 다음 세상의 리더를 노리는 경쟁이 시작된 것이다.

누구도 소외되지 않는 세상

SDGs의 매력은 그 이념에도 있다. '누구도 소외되지 않는' 세상을 만드는 것, 이것이야말로 SDGs가 지향하는 세상이다. SDGs 이전에는 '새천년개발목표(MDGs, Millennium Development Goals)'가 있었다. 이는 주로 개발도상국의 경제 및 사회면의 개발에 중점을 둔 목표 8개였다. 2000년에 만들어진 MDGs는 2015년까지 하루 1.25달러 미만으로 생활하는 이른바 '절대적 빈곤' 절반으로 줄이기, 초등교육 보급하기 같은 목표를 세우고 일정 수준의 성과를 거두었다. 그런데 2015년의 세상은 아프리카 일부 지역에서 '소외된' 곳이 발생하고 선진국에서는 격차사회 속에서 '상대적 빈곤'에 빠지는 사람이 증가했다. 테러의 주요 원인도 그 근원을 캐보면 빈곤과 격차의 문제가 도사리고 있었다. 이로 인해 '누구도 소외되지 않는' 세상의 확립이야말로 중요한 과제가 되었다.

미래의 눈높이로 현재를 보다

SDGs가 2030년의 세상을 제시한다면 우리가 해야 할 일은 미래에서 지금의 세상을 들여다보는 것이다. 현재 상황에서 미래 세계를 상상해 보면 SDGs가 꿈꾸는 세상에 다가가기 어려워 보인다. 이를테면 목표12의 세부목표 12.3은 '2030년까지 1인당 음식물 쓰레기를 절반으로 줄이기'다. 그런데 음식물 쓰레기에는 먹다 남은 것뿐 아니라 음식을 만들 때 버려지거나 선별 과정에서 모양이 나빠 걸러지는 것들도 포함된다. 또 팔다 남거나 유통기한이 지난 음식물도 있다. 이처럼 음식이 버려지는 데는 기준 이하의 식품을 버리지 않으면 식품업자가 질 좋은 상품을 시장에 내놓지 못해 돈을 벌지 못한다는 현재의 경제 논리가 작용하기 때문이다.

그렇다면 어떻게 해야 좋을까? 그래서 미래의 입장에서 문제를 들여다보자는 것이 SDGs식 해결방안이다. 예컨대 '1인당 음식물 쓰레기가 2015년에 비해 절반으로 감소한' 2030년의 세상에서 생각해 보는 것이다. 그러면 팔리지 않고 남은 음식은 쓰레기로 버려야 성립하는 현재의 경제 구조나, 음식의 모양으로 맛과 영양을 판단하는 선별 방식에 문제가 있음을 깨닫게 된다. 미래의 눈높이로 현재를 보기 위한 새로운 방법이 SDGs다. 유연한 생각이야말로 SDGs의 세계를 실현하는 원동력이다.

SDGs 해설② (154쪽) 에 계속

새 학기  첫날

우리 학교에 새로운 선생님이 부임하셨다.

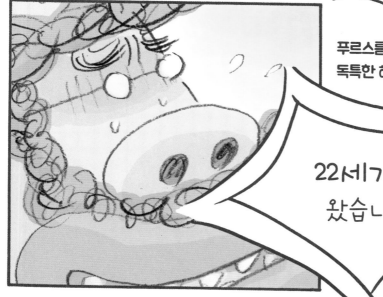

여러분! 저는

푸르스름한 피부에
독특한 헤어스타일

22세기에서
왔습니다!!

SDGs부 이야기

**등장하자마자
개그! 헛발질 보여주시고...**

그래도 꿋꿋

미래는 지금보다
녹음이 훨씬 울창해서
도시와 자연이 균형 있게
공존하고 있습니다!!

오늘 과자는
아마미 흑설탕 바움쿠헨!!

이 우락부락한 녀석은
다나카 다이.
외모는 일진 짱,
하지만 마음은 소녀.
과자 만드는 재주는
별 세 개 ☆☆☆

이거 봐요~
먹어봐요!

진짜~
든든하네.

스 걱
스 걱

옆에 요 쥐방울만 한 녀석은
뭐시기 나라에서 온
세토 게무,
꽤 고생해서 왔다고 한다.

뭐 말하자면 귀찮은
녀석들한테 몰아넣은
느낌이야.

그리고 말이야, 내가

그렇게 해서

원래 흥미가 있기도 했지만
가시와바라가 분위기를 띄워준
덕분에 다이와 게무도
미래 선생님을 만나게 된 것이다.

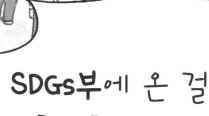

22

목표 1 빈곤퇴치

하루 1.9달러 미만으로 살아가는 사람의 수

2002년 약 **16억 1,900만** 명

2013년 약 **7억 6,800만** 명

출처 : PovcalNet (The World Bank)

현재 전 세계에는 세계은행에서 정한 국제 빈곤 기준선*인 하루 1.9달러 미만으로 생활하는 사람이 7억 명이 넘는다. 물론 하루 1.9달러로는 사람이 건강하게 살아가는 데 필요한 음식과 물, 의료는 기대할 수 없다.

교육을 받을 여유도 없으니 그것이 차별의 원인이 되고, 가난이 대물림되어 삶은 더 고달파질 수밖에 없다. 사회의 일원으로 인정받지 못하는 여성들은 훨씬 더 비참한 처지에 내몰리기 쉽다. 이러한 빈곤을 지구상에서 없애려면 개발도상국에 대한 선진국의 원조가 꼭 필요하며, 선진국 내에서도 경제적·사회적으로 취약한 계층에 대한 지원이 필요하다.

또 지진이나 홍수 같은 재해가 일어나면 수많은 사람이 생활의 기반을 잃는다. 하루 벌어 하루 먹고 살던 사람들은 순식간에 극심한 빈곤에 빠진다. 새로운 빈곤층을 만들어내지 않기 위해서 빈곤의 위협에 노출되기 쉬운 사람들을 보호하는 방안을 고민할 때다.

*세계 빈곤 기준선은 SDGs 채택 당시에는 1.25달러였으나 2015년 10월에 1.9달러로 상향 조정되었다.

생각해 보기

가난한 나라에 돈을 전달하는 지원도 중요하다. 하지만 새로운 제도나 일자리로도 빈곤을 줄일 수 있지 않을까? '부족한 것을 주는 것'만이 아니라 그 밖에 할 수 있는 일은 없는지 생각해 보자.

1 NO POVERTY

미래를 위한 소액 융자로
빈곤에서 벗어나다

융자를 받아 수공예품 장사를 시작한 여성들 ©Grameen Bank

담보 없는 융자로 가난한 여성들의 자립을 지원하다

가난한 사람들이 좀처럼 빈곤에서 벗어나기 힘든 이유는 일을 하려 해도 필요한 도구를 살 돈조차 없기 때문이다. 은행에서 돈을 빌려 사면 된다고? 하지만 담보도 없고 보증인도 없는 그들에게는 불가능에 가까운 일이다.

그러한 이들의 구세주가 된 것이 경제학자 무하마드 유누스(Muhammad Yunus)가 1983년에 방글라데시에 설립한 **그라민 은행***이다. 이 은행은 무담보로 소액을 빌려주는 '마이크로 크레디트(micro-credit, 미소금융)'를 한다. 돈을 빌리는 사람의 97%는 여성이다. 설령 소액이라도 밑천만 있으면 재봉틀을 사서 옷을 만들거나 잡화를 만들어 팔 수 있다. 중요한 사실은 마이크로 크레디트는 '자선'이 아니라 '융자'라는 점이다. 이 프로그램의 핵심은 변제 의무를 부여하여 채무자의 자립을 촉진하는 것이다.

돈을 빌릴 때 5인 1조로 모임을 만들어 그중 누군가 돈을 갚지 못하면 다른 사람이 융자를 받을 수 없는 시스템이다. 그 때문에 구성원끼리 서로 협력하게 되고 그 결과 회수율도 높다.

가난한 사람들을 지원할 때는 선입관을 버리자. 그들은 변제 능력이 없는 것이 아니라 기회가 없었을 뿐이다. 빈곤의 악순환에서 벗어날 수 있는 아이디어가 이 밖에도 또 있을지 모른다.

그라민 은행의 창립자 무하마드 유누스는 2006년 노벨 평화상을 수상했다. ©Grameen Bank

★더 알고 싶어!   Grameen Bank
http://www.grameen.com (영어)

미래를 바꾼 아이디어
《사찰 간식 클럽》

사찰의 '공양물'을
필요한 곳에 나눠주다

2018년 일본 내 800여 곳의 사찰이 39개의 지원 단체를 통해 매월 9,000명의 아이를 지원하고 있다.
ⓒ사찰 간식 클럽

부처님 음식을 불우한 사람들에게 나눠주다

'끼니조차 충분히 먹을 수 없는 아이들'이라면 어디 먼 나라의 이야기처럼 들리겠지만 일본에서도 아동 7명 중 1명은 빈곤하다.

한편 절에서는 신도들이 공양물로 많은 음식을 올리는데 그 공양물을 어려운 사람들에게 나눠줄 방법은 없을까? 나라 현에 있는 안요 사찰의 주지 마쓰시마 세이로(松島靖朗)는 이러한 고민을 하다가 비영리단체(NPO) **사찰 간식 클럽***을 설립했다. 그는 이런저런 사정으로 생활이 궁핍한데도 주위에 도움조차 요청할 수 없어 고립되는 이들이 있다는 사실에 마음이 아팠다. 그래서 '간식 나누기'를 통해 어려운 사람들과 지원 단체를 연결하고 고립을 해소하는 데 조금이나마 힘을 보탤 수 있기를 바랐다. 그러기 위해서는 사찰이 나서서 '지원'을 해야 한다고 생각했다. 취지에 동참하는 사찰과 후원할 단체를 연결하고, 후원 단체를 통해 필요한 곳과 사람들에게 음식과 과자 등을 전달하는 활동을 시작했다. 더 나아가 활동 범위를 전국으로 확대해 '직접 지원'하는 사람들을 지원하는 시스템을 구축했다.

하지만 이처럼 직접 음식으로 주는 도움만이 문제 해결책은 아니다. 다른 다양한 방법도 있을 것이다. 우리 사회의 전체 시스템을 찬찬히 들여다보면 새로운 형태의 방안이 떠오르지 않을까?

 목표 1에서 궁금한 단어 **상대적 빈곤**

'빈곤'이라고 한 단어로 말하지만, 사실 빈곤에는 두 종류가 있다. 살아가는 데 필요한 최소한의 돈이 없는 '절대적 빈곤'과 그 나라의 평균 수준보다 훨씬 적은 수입으로 살아가야 하는 '상대적 빈곤'이다. 상대적 빈곤의 문제는 겉으로 잘 드러나지 않아 지원의 손길이 미치기가 힘들다.

★ **더 알고 싶어!**   비영리민간단체 사찰 간식 클럽
https://otera-oyatsu.club (일본어)

전 세계 기아 인구
※영양실조인 사람 수

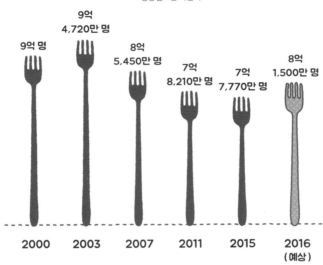

9억 명
9억 4,720만 명
8억 5,450만 명
7억 8,210만 명
7억 7,770만 명
8억 1,500만 명

2000　2003　2007　2011　2015　2016 (예상)

출처 : The State of Food Security and Nutrition in the World 2017 (FAO: Food and Agriculture Organization)

지구상에는 기아로 고통받는 사람이 대략 8억 명이나 된다. 특히 아프리카와 아시아의 개발도상국에서는 충분히 먹지 못해 영양 불균형으로 목숨을 잃는 아이들과 건강하게 살아갈 수 없는 성인들이 많다.

기아를 없애기 위해서는 아프리카와 아시아에 5억 채나 있는 작은 농가의 생산성을 올리는 일이 중요하다. 그렇다고 해서 생산성만 늘리는 것이 능사는 아니다. 생태계를 보호하고 토양이 메마르지 않게 주의하며 농사를 짓지 않는다면 언젠가는 많은 땅이 황폐해지고 말 것이다. 그래서 지속가능한 농업을 창출하는 지혜가 필요하다.

세계 각국의 다양한 노력으로 지구상의 기아 인구는 줄고 있지만, 앞으로는 기후 변화로 인해 경작할 수 있는 땅이 줄어들 우려가 있다. 인구 증가와 분쟁으로 기아 문제는 점점 심각해질 가능성도 있다. 단순히 식량을 늘리는 일뿐 아니라 기아가 확산되지 않도록 노력하는 일도 필요하다.

생각해 보기

기아는 신체적인 건강만 해치는 것이 아니다. 건강 외에 우리 생활에 어떤 영향을 미칠까? 공복 상태가 지속되면 힘을 쓰는 일은 물론이거니와 앞으로의 일을 생각하거나 복잡한 문제를 고민하기 힘들다. 그러면 결국 어떻게 될까?

미래를 바꾼 아이디어
《테이블 포 투》

선진국의 한 끼로
개발도상국에 한 끼 선물

참가자

아프리카의 아이들

식비

건강
식단

테이블 포 투
(table for two)
시스템

식당,
점포

학교
급식

기부금

테이블 포 투
사무국

왼쪽 참여 기업의 직원식당에서는 건강한 식단을 제공한다. ⓒ일본가이시주식회사
오른쪽 급식을 먹는 케냐의 아이들 ⓒTABLE FOR TWO

점심 한 끼로 가능한 식량 원조

지금도 아프리카에서는 많이 아이가 굶주림에 고통받고 있다. 하지만 일상에서 우리는 이러한 사실을 좀처럼 실감하기 어렵다. 오히려 너무 많이 먹거나 비만해지는 것을 문제로 느낀다.

아이러니하게도 세상에는 '없어서 못 먹는 사람'과 '너무 많이 먹는 사람'이 존재하며, 양쪽 모두 건강하지 못한 상태다. 양쪽이 서로 먹을 것을 나눌 수 있다면 이 두 문제를 한꺼번에 해결할 수 있지 않을까?

이 문제를 해결하고자 시도한 곳이 **테이블 포 투***라는 단체다. 이 활동에 동참하는 음식점이나 직원식당에서 식사하면 그 식사비에서 20엔(약 200원)이 개발도상국에 기부된다. 20엔은 아프리카 아동 한 명의 학교 급식 한 끼 분 금액이다. 즉, 내가 식사를 한 번 하면 자동으로 개발도상국 아이도 급식을 한 끼 먹을 수 있다. 더욱이 메뉴는 열량을 낮춘 건강한 음식. 평소처럼 식사하는 것만으로도 나와 개발도상국 아이가 함께 건강해지는 셈이다.

일상적인 식사에 작은 시스템을 더했을 뿐인데 기아와 비만을 없애는 행동이 된다. 우리 생활 속 어디엔가 이처럼 전 세계적인 과제를 해결할 실마리가 있을지 모른다.

Q1 아프리카의 식량 부족 해결을 위해 일본이 개발 및 보급에 이바지한 작물은?

1. 밀
2. 쌀
3. 콩

볶음우동이라고 생각합니다!

너, 바보냐?

*정답은 43쪽에

★더 알고 싶어! 비영리민간단체 TABLE FOR TWO international
http://jp.tablefor2.org (일본어)

기업의 비즈니스,
학교 급식 개선을 지원하다

2019년까지 베트남의 4,062개교 아동 약 142만 8,000명에게 영양이 골고루 들어간 급식을 제공하는 것이 목표이며, 목표2와 목표3을 동시에 해결하는 프로젝트이기도 하다. ⓒ아지노모토 주식회사

단순히 원조만 해서는 지속가능할 수 없다

'먹을 게 없는 사람에게 먹을 걸 준다' 같은 단순한 발상으로는 해결되지 않는 문제가 많다. 이를테면 베트남에서는 경제 발전과 더불어 도시에서는 아이들이 먹는 음식의 '양'보다 '질', 즉 영양의 불균형이 문제다.

영양에 관해서라면 그 분야의 전문가가 등장할 차례다. 식품기업인 **베트남 아지노모토**⁎는 베트남에서 균형 잡힌 학교 급식을 보급하는 시스템을 구축하고 있다. 호찌민에서 영양 균형을 맞춘 급식 식단을 만들어 각 학교에 배포하고 바른 식생활을 위한 교재 작성도 지원했다. 그런 다음 다낭과 하노이 등으로 대상 지역을 넓혀갔다. 또 메뉴 개발 소프트웨어를 만들고 베트남 각지의 초등학교를 방문하여 홍보함으로써 2,000개교 이상이 도입을 마쳤다.

이 프로젝트는 자선사업이 아니다. 베트남 아지노모토의 조미료를 사용한 급식 메뉴를 보급해 아이들로 하여금 자사의 상품 맛에 친숙해지게 하여 미래의 소비자로 끌어들이려는 비즈니스 전략도 있다. 일방적으로 돕는 것이 아니라 쌍방이 이익을 얻을 수 있는 구조라서 지속적인 지원이 가능한 셈이다. '상대를 위해'와 '나를 위해'가 짝을 이루면 문제 해결이 훨씬 수월해진다.

A1 2. 쌀

아프리카는 물 부족 국가가 많아서 대규모 벼농사에는 적합하지 않다고 생각하기 쉽다. 그러나 1990년대에 개량된 네리카(NERICA: New Rice for Africa)라는 쌀은 무논이 아니어도 재배할 수 있고 수확량도 많아 큰 기대를 모으고 있다. 일본은 이 네리카의 품종 개량을 지원하고 벼농사 기술을 지도하고 있다.

★ 더 알고 싶어!   아지노모토 주식회사 사회·환경 페이지 (일본어)
https://www.ajinomoto.com/jp/activity/csr/responsibility/2017/community.html

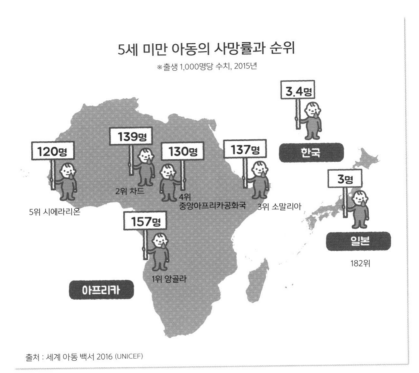

5세 미만 아동의 사망률과 순위

※출생 1,000명당 수치, 2015년

3.4명 한국

3명 일본

120명 5위 시에라리온

139명 2위 차드

130명 4위 중앙아프리카공화국

137명 3위 소말리아

157명 1위 앙골라

아프리카

182위

출처 : 세계 아동 백서 2016 (UNICEF)

숫자로 보니 잘 모르겠어. ㅜ.ㅜ.

한 반에 서너 명이 사망하는 비율이야.

지구상에는 태어난 아이 10명 중 1명이 다섯 살 생일을 맞이하기 전에 사망하는 나라들이 있다. 특히 개발도상국에서는 의료와 건강에 관한 지식이 널리 보급되지 않은 탓에 예방이나 치료가 가능한 폐렴, 설사, 말라리아 등으로 많은 아이가 목숨을 잃고 있다.

개발도상국에서는 임신·출산 때 여성과 영아 사망률이 높을 뿐 아니라, 나이나 성별을 불문하고 에이즈나 결핵 등의 감염증이 건강을 위협하고 있다. 또 개발도상국과 선진국 모두 담배나 술, 약물 남용, 교통사고, 환경오염으로 인해 건강을 해치는 사람이 많다.

예방과 치료를 할 수 있는 질병이나 사고로 건강하게 살지 못하는 사람들을 줄이기 위해서는 경제적으로 가난해도 적절한 의료 혜택을 받을 수 있는 환경을 만드는 일, 성과 생식에 관한 지식을 널리 보급하는 일, 건강을 유지하며 살아갈 수 있는 건강수명을 연장하는 일 등 다양한 대책이 필요하다.

생각해 보기

개발도상국에서 임산부나 영유아의 사망률이 높은 이유는 뭘까? 가난해서 병원에 못 가기 때문에? 엄마나 아기의 영양 부족 때문에? 목표3을 달성하려면 의료 혜택을 넓히는 것만으로는 부족할 수 있다. SDGs 목표 중에서 이 목표와 밀접한 관련이 있는 목표로는 무엇이 더 있는지 생각해 보자.

미래를 바꾼 아이디어
《모자건강수첩》

수첩에 건강 정보를 기록해서
생명을 지키다

일본에서 시작한 모자건강수첩은 전 세계 40여 개국으로 퍼졌다. 문맹률이 높은 나라에서는 그림과 도표를 크게 하거나, 그 나라에 특히 많은 감염증 관련 예방 지식을 담는 등 각국의 상황에 맞게 제 작한다. (촬영 협조: 주식회사 액시스)

전 세계로 확산되는 단순한 노트

자신의 **모자건강수첩***을 본 적이 있는가? 많은 사람이 당연하게 여길 뿐 이 작고 얇은 수첩에 큰 힘이 숨어 있다는 것을 모르는 경우가 많다.

엄마들은 이 수첩을 통해 아이의 건강을 지킬 수 있는 여러 지식과 정보를 얻는다. 임신부와 태아 그리고 출산 때 산모와 아이의 상태, 아이의 성장 과정과 함께 예방 접종 같은 건강과 관련된 내용을 수첩에 계속 기록해 가정에 보관할 수 있다. 그래서 처음 진료를 받는 병원이라도 의사가 이 수첩을 보면 그때까지의 아이와 엄마의 건강 이력을 대략 파악할 수 있다. 이와 같은 지속적인 기록과 기본적인 건강 정보는 엄마와 아이의 생명과 건강을 지키는 데 도움이 된다.

이러한 수첩을 배부하는 시스템은 임산부와 유아의 사망률이 높던 제2차 세계대전 직후 일본에서 시작된 것이다. 현재 개발도상국은 종전 직후의 일본처럼 가난한 상황이라, 필요할 때 필요한 서비스를 받을 수 있도록 다양한 대책을 마련하고 있다. 그중 하나로 전 세계 수십 개국에서 임산부와 아기의 지속적인 건강 관리에 유용한 '모자건강수첩'을 벤치마킹하고 있다.

작은 생명을 구하는 방법은 병원과 의사의 수를 늘리는 것 외에도 분명 또 있을 것이다. 어떤 방법이 있는지 생각해 보자.

Q 2 3대 감염증에 해당하는 질병은?

감염증은 다른 사람에게 전염되는 거잖아.

하품…, 의욕 상실…, 또 뭐더라?

*정답은 49쪽에

3 GOOD HEALTH AND WELL-BEING

미래를 바꾼 아이디어
《집라인》

드론으로 멀리 신속히
의약품을 배달하다

사용하는 드론은 비행기형으로, 고속으로 날아 연비가 좋고
악천후에도 강하다. 바람이 불어도 상공에서 자동차 두 대 면
적의 공간에 짐을 떨어뜨릴 수 있다. ⓒZipline international

최첨단 기술로 개발도상국의 과제를 해결하다

도시에서 멀리 떨어진 마을에 사는 여성이 출산 중에 출혈이 심하다. 당장 수혈이 필요하지만 마을에는 상비 혈액이 없다. 도시에서 혈액을 수송하려 해도 도로 사정이 열악해 자동차로는 몇 시간, 최악의 경우 며칠씩 걸린다. 이런 상황에서는 살릴 수 있는 생명도 살리지 못한다. 안타깝게도 아프리카 대부분의 국가 상황이 이렇다.

그러나 아프리카 동부 르완다에서는 그러한 응급 상황에서 출동하는 듬직한 드론이 있다. 흔히 '개발도상국 지원에는 비용이 많이 들고 수리가 어려운 첨단기술보다는 단순한 기술이 더 낫다'고 하는데, 미국의 벤처기업 **집라인***은 상식을 깨고 최첨단 기술로 의료 지원을 시작했다.

드론이라면 의약품과 혈액을 신속히 수송할 수 있을 뿐 아니라 망가져도 수리가 쉽다. 연료비와 기자재비도 비행기에 비교가 안 될 만큼 적게 든다. 이 아이디어에 세계 각지에서 투자가 밀려들었고, 르완다에서 시작한 사업은 점차 다른 국가로 확대되고 있다.

이 시스템은 선진국에서도 재난으로 고립된 지역에 지원물자를 운송할 때 사용할 수 있다. 앞으로는 개발도상국의 과제를 해결하면서 선진국이 배울 점도 늘어날 듯하다.

A2 말라리아, HIV/에이즈, 결핵

모기가 매개하는 말라리아, 모자(母子) 감염이나 성행위 등으로 확산되는 HIV/에이즈, 공기로 감염되는 결핵. 감염증은 이 밖에도 많지만, 개발도상국에서는 특히 이 세 가지가 만연해 해마다 수백만 명씩 목숨을 잃는다. 병으로 일할 수 없는 사람이 늘어나면 국가는 더 가난해지고 결국에는 국민에게 의료 혜택이 고루 돌아가지 않는 악순환이 생긴다.

★ 더 알고 싶어!   Zipline
https://flyzipline.com (영어)

양질의 교육

15세 이상에서 읽고 쓰기를 할 수 없는 사람의 수

※2016년

7억 5,000만 명
그중 3분의 2가 여성

출처 : Literacy Rates Continue to Rise from One Generation to the Next (UNESCO, 2017)

교육이나 직업훈련을 받지 않은 사람은 더 나은 삶을 살고 싶어도 삶의 질을 바꾸기가 여간 어려운 일이 아니다. 그런데 우리가 살고 있는 세상에는 읽고 쓰기를 할 수 없는 15세 이상의 사람이 전 세계에 7억 명이나 있다. 그중 3분의 2가량은 여성이다. 여자아이를 학교에 보내지 않는 지역이 많기 때문이다.

교육은 어릴 때뿐 아니라 어른이 된 후에도 필요하다. 그래서 성별이나 경제력, 나이와 상관없이 모든 사람이 양질의 교육을 받을 수 있게 하자는 것이 목표4의 취지다. 이 목표를 달성하기 위해서는 자금도 필요하지만, 여성과 소수민족, 장애인에 대한 차별을 없애고 분쟁을 해결하는 등 다양한 노력을 병행해야만 한다.

읽고 쓰기 교육뿐 아니라 지속가능한 개발에 관해 배울 기회를 늘려서 SDGs를 함께 추진해 갈 협력자를 키우는 일도 중요한 과제다.

생각해 보기

개발도상국에서 학교에 갈 수 없는 아이들이 많은 이유는 가난이나 남녀 차별 때문만은 아니다. 이를테면 영양실조로 건강이 좋지 않다면? 형제자매가 많아 연장자인 아이가 어린 동생들을 돌봐야 한다면? 이 밖에도 다양한 이유가 있을 듯하다.

미래를 바꾼 아이디어
《모두의 학교 프로젝트》

지역주민들이 모여
교육의 질을 개선하다

주민 모임에서 학교의 활동 계획에 관해 이야기하는 모습. 니제르공화국 내 초등학교 1만 8,000여 개에서 이 프로젝트를 실시하여 취학률을 향상시키는 등 큰 성과를 올리고 있다. ⓒJICA

머나먼 존재였던 학교를 '모두'의 것으로

아프리카에서는 "학교에 가도 아이가 배울 게 없다", "선생님이 수업을 충분히 하지 않는다"라고 말하는 부모가 적지 않다.

아이들이 학교에서 지식과 기술을 익혀 성공하기를 바라는 마음은 모든 부모의 공통된 바람이다. 하지만 문제는 교사의 역량 부족과 정비가 안 된 학습 환경, 빈약한 교육행정에서 비롯되는 불신과 거리감이다.

모두의 학교 프로젝트*는 아프리카의 이러한 상황에서 학교를 친근한 곳으로 만들고 더 나은 학습 환경 조성과 교육의 질을 개선하기 위해 교원, 학부모, 지역주민들이 협동하는 제도로 시작됐다.

주민 모임에서 무기명 선거를 통해 학교운영위원회를 조직하고 1년에 여러 차례 모여 읽기·쓰기·계산 등 수업 현황을 주민 '모두'가 공유하고 문제의 해결책을 논의·결정했다. 자신들의 손으로 아이들에게 더 좋은 교육을 하자는 주체적 움직임이 일면서 보충학습을 시행하고 교실과 화장실을 정비하는 등 교육 환경과 수업의 질을 개선해 나갔다.

아이가 늘어나는 아프리카에서 '국가가 만든 학교에서 모두가 만든 학교로', 즉 '모두'가 함께 과제를 해결하는 새로운 학교 형태가 차세대 교육을 떠받치고 있다. 하나의 과제에 모두가 함께 고민하며 해결할 수 있는 일은 이 밖에도 많을 것이다.

목표4에서 궁금한 단어 ESD

지속가능한 사회를 만들기 위해서는 미래 세대와 다른 국가 사람들, 지구 전체를 생각해서 행동하는 사람들이 필요하다. 그러한 의식을 기르고 필요한 지식을 전달해 행동을 바꿔가기 위한 교육을 '지속가능개발교육(ESD, Education for Sustainable Development)'이라고 한다. 일본에서도 ESD를 추진하는 학교가 해마다 증가하고 있다.

★ 더 알고 싶어! 모두의 학교 프로젝트
https://www.jica.go.jp/60th/africa/niger_01.html (일본어)

QUALITY EDUCATION

미래를 바꾼 아이디어
《그린 스쿨》

자연환경을 교재 삼아
미래의 지구인을 키우다

'학교'라는 고정관념에서 벗어난 학교 건물에는 벽이나 문이 없고 책상과 걸상, 놀이도구 들은 대나무로 만들어졌다. ⓒCourtesy of Green School Bali

발리 섬 열대우림에 출현한 최첨단 학교

자신이 다니는 학교가 정글 안에 있다고 상상해 보자. 건물은 전부 대나무로 지었고 교실에는 벽도 문도 없다. 그런 환경에서 공부를 한다면 자연의 혜택을 잘 이용해서 살아가는 것이 얼마나 중요한지를 머리로 생각할 뿐아니라 가슴으로도 이해할 수 있고 개방적인 사고방식도 형성될 듯싶다.

그러한 학교가 실제로 인도네시아 발리 섬에 존재한다. **그린 스쿨***이다. 전 세계에서 모인 3~18세의 학생 약 400명이 이 학교에서 공부하고 있다. 학생들은 광대한 학교 부지 내에 있는 밭에서 무농약 유기농으로 채소를 키우고 그 채소는 식당에서 조리를 거쳐 급식으로 나온다. 교내에서는 몇몇 재생 에너지를 사용해 전력 소비도 일반 학교의 10분의 1 수준이다. 인간과 동물, 식물에서 나온 유기 폐기물은 부지 내에서 100% 흙으로 돌아간다.

이처럼 더없이 친환경적인 환경에서 다양성을 존중하고 틀에 얽매이지 않는 '상상력'과 '창조력'을 기르는 교육을 받는다. 또 학생들은 환경 문제 해결을 위한 활동에 자발적으로 참여하고 있다.

창립자 존 하디(John Hardy)는 지속가능한 사회를 만드는 사람으로 성장하기 위해서는 '지속가능이란 무엇인가?'를 체험하는 교육이 필요하다고 생각한다. 여러분이라면 이 학교에서 무엇을 느끼고 어떤 행동을 하겠는가?

그린 스쿨 학생들이 건기에 학교 내에 있는 논에서 쌀을 수확하는 모습

★ 더 알고 싶어!　　Green School
　　　　　　　　　https://www.greenschool.org (영어)

성차별지수

※지수가 1에 가까울수록 남녀 차가 적다. 조사 대상은 144개국, 2017년

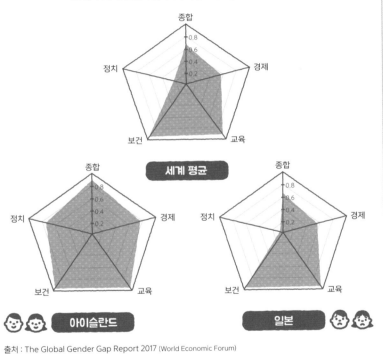

세계 평균

아이슬란드

일본

출처 : The Global Gender Gap Report 2017 (World Economic Forum)

우리나라는 성차별이 너무 심해!!

심하지 않다고 생각하는 사람이 여전히 많아.

어떻게 해야 깨달을까?

세상에는 여자라는 이유로 학교에 갈 수 없거나, 성인이 되기도 전에 본인의 의사와는 상관없이 결혼해서 출산과 집안일을 하는 것을 당연시하는 국가가 많다. 그뿐 아니라 할례라고 하여 성기를 절제하거나 인신매매로 성적 착취를 당하기도 하고 일상적으로 폭력에 시달리는 여성들이 적지 않다.

이러한 여성 인권 유린은 개발도상국에서 특히 심각하다. 개발도상국과 선진국을 불문하고 고용과 급여, 가사 분담, 재산, 사회의 의사결정 참여 등 많은 부분에서 여성 차별은 오랫동안 존재해 왔다.

그러나 인구의 절반을 차지하는 여성이 차별 때문에 자신의 능력을 충분히 발휘하지 못한다면 사회와 경제가 지속적으로 발전하기란 불가능하다. 여성이 자신의 인생을 스스로 결정하고 능력을 발휘할 수 있도록 사회제도와 관행을 바꾸고자 하는 것이 목표5다.

생각해 보기

잘못된 '성 가치관'으로 인해 차별과 불이익을 받는 사람은 여성만이 아니다. 사람들이 '성평등은 남녀 평등'이라고 생각한다면 소외되는 사람은 없는지 생각해 보자.

미래를 바꾼 아이디어
《삭티 무용단》

춤의 힘으로
차별을 타파하다

오래전부터 달리트가 숭배해 온 타밀의 토지신 앞에서 정의의 북 파라이를 두들기는 소녀들
ⓒRajarajan-Tamilanstudio / Sakthi Folk Cultural Centre

춤의 힘으로 소녀들의 진면목을 알리고 '목소리'를 전달하다

아름다운 의상을 몸에 두르고 힘차게 춤을 추는 사진 속 소녀들은 인도 사회의 종교 신분 제도인 카스트의 최하층민 달리트 출신이다. 인도는 전통적으로 신분 차별이 뿌리 깊다. 특히 천민으로 멸시당하는 달리트 신분의 여성은 이중고를 겪는다. 제대로 된 교육을 받을 기회가 없고, 부당한 대우와 노동력 착취, 성폭력에 목숨을 잃는 경우가 적지 않다. 인간적인 대우를 받지 못한다고 해도 과언이 아니다.

이러한 부조리한 현실을 타파하기 위해 찬드라라는 한 수녀가 선택한 수단이 춤이다. **달리트 소녀들을 위한 돌봄 센터***를 세워 성인이 된 후에도 자립할 수 있도록 소녀들에게 기술, 지식과 함께 민속무용을 가르치고 무용단을 조직해서 공연 활동을 하고 있다. 춤을 통해 예술적 재능을 발휘하게 된 소녀들은 자존감뿐 아니라 춤을 통해서라면 신분을 초월해 자신들의 목소리를 낼 수 있다는 자신감을 얻었다. 자신들의 억압받는 처지를 상징하는 파라이(Parai)라는 북을 두들기며 생동감 있게 춤을 춘다. 이들이 온몸으로 표현하는 차별 반대의 메시지는 보는 사람의 마음에 강렬하게 와 닿는다.

차별받는 당사자에게 자존감을 심어주고, 차별 문제를 사회에 호소하는 일. 이 두 가지를 가능케 하는 방법의 하나로 찾아낸 답이 바로 사람의 마음을 움직이는 보편적 힘을 지닌 예술이다.

Q 3 여성 국회의원의 비율이 가장 높은 나라는?

1. 르완다
2. 일본
3. 미국

*정답은 61쪽

아무래도 북유럽…?

보기에 여자답아!

★더 알고 싶어! 찬드라(Chandra) 수녀 인터뷰 영상
https://www.youtube.com/watch?v=-4hrnV0F280&t=9s (영어)

장난감으로
여성 엔지니어의 길을 열다

2012년에 탄생한 루미네이트. 스스로 조립한 집에 미니어처 가구를 배치하고 배선을 고려하며 램프와 스위치를 달 수 있다. ⓒRoominate

소녀들의 직업 선택을 다양화하기 위해

어릴 때 로봇 조립 키트를 갖고 싶은데 막상 받는 선물들은 인형 일색이었던 경험을 한 여성들이 있을 것이다. 여자아이든 남자아이든 성별에 따른 정형화된 장난감은 아이들이 최초로 받는 성차별이라 할 수 있다.

과학적 사고를 필요로 하는 직업에 여성이 적은 이유는 생물학적 차이 때문이 아니라, 여자아이는 남자아이보다 이과 뇌를 단련하는 장난감을 가지고 놀 기회가 적었기 때문이다. 현재 그런 환경을 바꿔보자고 외치는 여아용 STEM 완구*가 늘고 있다. 그 선두에 선 것이 **루미네이트***다. 얼핏 보면 평범한 인형집이지만 집을 조립하는 것뿐 아니라 모터를 이용해 팬을 돌리거나 케이블로 회로를 연결해 전기를 들어오게 하는 등 즐겁게 공학을 배울 수 있다. 고안자 중 한 명인 매사추세츠 공과대학에서 기계공학을 전공한 앨리스 브룩스(Alice Brooks)는 놀이를 통해 "여자아이들도 뭐든지 할 수 있다"는 사실을 깨닫기 바란다고 말한다.

재미있어야 할 장난감이 여성의 기회를 박탈한다는 사실에 적잖이 놀란 사람도 있으리라. 하지만 사실 더 큰 문제는 우리 주변 곳곳에 숨어 있는 고정관념을 깨닫기가 쉽지 않다는 것이다. 먼저 내 주변에 성차별은 없는지 생각해 보는 것이 문제 해결의 첫걸음이다.

*수학적, 과학적 사고(STEM=Science, Technology, Engineering and Mathematics)를 키우는 장난감

A3 1. 르완다

동아프리카의 르완다에서는 여성의원이 61%로 절반 이상을 차지하고 있다. 반면 일본은 고작 10%. 유감스럽게도 193개국 중 158위로 선진국 중에서는 최하위권이다. 실은 미국도 뜻밖에 낮아 19%로 100위에 머물렀다.

출처: Women in national parliaments (IPU, 2018 January)

★더 알고 싶어!　Roominate®
http://roominatetoy.com (영어)

깨끗한 물과 위생

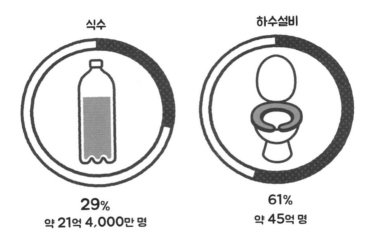

관리된 물을 이용할 수 없는 사람의 비율

※2015년

식수

하수설비

29%
약 **21억 4,000만 명**

61%
약 **45억 명**

출처 : 비율 Progress on Drinking Water, Sanitation and Hygiene: 2017 Update and SDGs Baselines (WHO, UNICEF) / 인원 World Population Prospects 2017 (UN)에서 산출

현재 세계에는 제대로 관리한 안전한 물을 제때 공급받지 못하는 사람이 무려 21억 명이 넘는다. 또 사람이나 가축의 분변, 공장 폐수 등이 유입된 강물이나 호숫물 또는 토양이 오염된 지하수를 마시고 설사를 하거나 목숨을 잃는 아이들도 연간 150만 명에 달한다.

앞으로도 지금처럼 계속 인구 증가와 기후 변화가 진행되면 물 부족 상황은 더 악화될 수 있다. 물이 희소 자원이 된다면 안전한 물은 지금보다 더 비싸질 테고, 그러면 가난한 지역의 사람들은 한층 더 물 부족에 시달리게 된다.

이러한 상황을 방지하기 위해 개발도상국의 상하수도 처리나 재사용 시스템의 정비와 더불어 범국가적 규모로 산지·삼림이나 습지, 하천·호수 등 깨끗한 담수를 만드는 데 필요한 자연환경을 보호하고 회복시켜 사람들이 지속해서 물을 사용할 수 있도록 하는 일이 중요하다.

생각해 보기

개발도상국에는 지금도 생활에 필요한 물을 길으러 가는 데 왕복 몇 시간이 걸리는 지역이 적지 않다. 그러한 지역에서 물을 길어오는 일은 주로 여성이나 아이들이 한다. 그렇다면 여성과 아이들에게는 어떤 불이익이 있을까?

미래를 바꾼 아이디어
《핸디팟》

미생물과 식물의 힘으로
물을 깨끗하게

핸디팟의 구조

설비를 연결한 집 뒤 화장실에서 용변을 본다.

용변은 화장실과 연결된 드럼통에서 혐기성(무산소)처리를 거친 다음 수면에 떠 있는 인공 습지로 흘러 들어간다.

인공 습지 속에 있는 식물과 미생물에 의해 유해물질이 분해·흡수된다.

주택에 설치가 가능하고 최소한의 관리만으로도 오래 사용할 수 있다. ⓒWaterAid/Kim Hak

물을 계속해서 깨끗하게 이용하기 위한 방법

우리는 위생적으로 생활하기 위해 각종 오물을 물과 함께 내보낸다. 그렇게 매일 사용하는 약 300리터의 물 중 99%는 목욕, 빨래, 설거지 그리고 변기 물을 내리는 데 사용된다. 그 물이 그대로 자연으로 흘러 들어가면 귀중한 물이 오염된다.

캄보디아의 톤레샵 호수에는 10만 명이 수상가옥에서 살고 있다. 그곳 주민들은 생활에 필요한 물을 호수에서 얻고, 쓰고 난 생활하수와 배설물을 다시 호수에 흘려보내 왔다. 마을 인구가 늘면서 호수는 오염되고 그 물을 마신 아이들이 질병으로 고통받는 문제가 일어났다.

호수의 오염을 막기 위해 수상 정수 설비인 **핸디팟***을 보급하는 프로젝트가 시작되었다. 핸디팟은 오물이나 배설물을 드럼통 안에서 처리하고 부레옥잠 같은 식물과 미생물의 작용을 활용해 유해물질을 분해·흡수하는 장치다. 현지에서 나는 소재로 만들어 가격도 비교적 저렴한 편이다. 많은 수상 생활자가 이 설비를 갖춘다면 생활하수로 인한 수질 오염을 줄일 수 있다.

평소 무심코 흘려보내는 생활하수로 인한 오염을 어떻게 얼마나 줄일 수 있을까? 재사용하거나 계속 사용할 수 있는 방법은 뭘까? 이러한 고민에서 시작한 발상이 수질 환경을 보호하는 일로 이어진다.

톤레샵 호수의 사람들은 물 위에서 생활한다. ⓒWaterAid/Laura Summerton

★더 알고 싶어!   비영리민간단체 워터에이드
https://www.wateraid.org (영어)

6 CLEAN WATER AND SANITATION

공기 중의 보이지 않는 물을 모아서 사용하다

2015년 에티오피아의 도르제에서 프로토타입 설치와 시험 운전을 시작으로 다른 지역에서도 프로젝트를 진행 중이다. ⓒArturo Vittori-Architecture and Vision

수원은 강이나 지하수뿐일까?

수도가 없는 곳에서 물이 필요하다면 여러분은 어떻게 하겠는가? 가까운 강이나 호수까지 물을 길으러 가든가 우물을 파야 한다. 그러나 강이나 호수까지 몇 시간씩 걸어가야 한다거나 우물을 파도 깨끗한 물이 나오지 않는 일도 있다.

건조한 아프리카의 에티오피아에는 깨끗한 물을 구할 수 없는 사람들이 많다. 디자이너 아르투로 비토리(Arturo Vittori)는 다른 수원(水源)으로부터 물을 모을 생각을 했다. 그것은 바로 공기 중의 수증기.

그는 공기 중에 있는 지구 전체 하천의 8배에 달하는 물을 효과적으로 활용하는 아이디어 장치 **와카 워터***를 만들었다. 급수탑 심장부는 골풀이나 대나무로 엮어 만든 뼈대로 덮고 심장부에는 나일론이나 폴리프로필렌 같은 섬유로 만든 그물망을 설치해 이슬을 끌어모으는 구조다. 이 와카 워터로 모을 수 있는 물은 하루 100리터 정도.

사실 자연계에는 공기 중의 물을 사용하는 재주꾼이 있다. 아프리카의 나미브 사막에 서식하는 딱정벌레는 모래 위에 거꾸로 서서 등 돌기에 이슬이 맺히기를 기다렸다 물방울을 떨어뜨려 마신다. 이처럼 자연계에는 우리가 고민하는 문제를 손쉽게 해결하는 생물이 많이 존재한다.

토지와 공동체의 특성에 맞게 다양한 설계가 가능하다. ⓒArturo Vittori-Architecture and Vision

★더 알고 싶어! Warka Water
https://www.warkawater.org (영어)

지속가능한 세계, 지속가능한 나라

이나바 마사키(稻場雅紀) ●일반사단법인 SDGs 시민사회 네트워크 전무이사

세계 전체로 보면 일본은 경제가 발전한 '선진국' 중 하나다. 전 세계에는 200개에 달하는 국가가 있는데, 그중 '선진국'은 많아야 30개국 정도다. 그 외 국가는 중국과 인도, 러시아 등 큰 규모의 경제력을 가진 '신흥국'이나 가난 속에서 자립과 발전의 길을 모색하는 '개발도상국'이다.

2016년 SDGs가 시작되기 전, 세계의 목표였던 '새천년개발목표(MDGs)'는 주로 '개발도상국'과 '신흥국'의 균형 있는 발전을 통해 사람들이 건강하고 문화적인 생활을 누리게 하자는 것이 목표였다. 선진국은 개발도상국과 신흥국이 이 목표를 달성할 수 있도록 자금과 기술 면에서 지원했다.

반면 SDGs는 선진국도 포함해 전 세계가 달성해야만 하는 목표이며, 선진국 역시 자국의 SDGs 진척 상황을 유엔에 보고하고 평가를 받아야 한다. 실제로 일본도 2017년 유엔에서 SDGs 달성을 위한 일본의 노력에 대해 보고한 바 있다.

SDGs는 왜 선진국에서도 실현해야 할까? 이유는 두 가지다.

먼저 SDGs의 '내용'이다. SDGs의 17개 목표를 간략히 정리하면 '빈곤을 없애고 격차를 줄인다'와 '지속 불가능한 세계를 지속가능한 세계로 바꾼다', 이 두 가지다. 세계는 돈이 있는 선진국과 돈이 없는 개발도상국으로 나뉘는데 문제는 '격차'에 있다. 각국의 경제 규모가 성장하는 과정에서 선진국이나 개발도상국 할 것 없이 돈과 권력을 가진 부자와 아무리 일해도 삶이 고달픈 빈곤층의 격차는 갈수록 커져 예전에는 하나로 뭉쳐 있던 국가나 사회도 점차

분열하고 있다. 또 전 세계 경제 활동이 팽창하면서 오늘날 인류가 사용하고 있는 자원을 모두 합치면 지구가 재생산할 수 있는 자원량의 1.7배나 된다. 이 대로 가다가는 지구의 자원은 모조리 고갈될 테고, 그 과정에서 지구는 오염되고 기후 변화도 심해져 앞으로 수십 년 이내에 인류 문명은 '지속 불가능'해지고 말 것이다. 지금의 경제와 사회 시스템을 바꿔 이 지구를 다음 세대에 물려줄 수 있는 '지속가능한 세계'로 바꿔나가는 것이 SDGs의 최대 과제다.

사실 개발도상국의 가난한 사람들은 자원을 많이 사용하지 않는 편이다. 자원을 낭비하고 지구를 오염시켜온 것은 선진국과 그 국민이다. 따라서 SDGs가 정말로 '지속가능한 세계'를 목표로 삼는다면 선진국들이 가장 큰 노력을 해야 한다.

또 한 가지 이유는 선진국 자신에 있다. 선진 산업국가에서는 경제가 풍요로워지는 과정에서 전국 각지의 농업, 임업, 어업 등에 종사하는 사람들이 대도시로 이주해 공장이나 가게, 회사에서 일하게 되었다. 그래서 지방의 작은 도시와 마을에서는 인구가 매우 감소했다. 최근에는 아이들의 수도 줄고 고령화가 진행되면서 지방의 많은 도시와 마을이 '지속 불가능한' 상황이다. 대도시에 집중된 경제와 사회 구조를 바꿔 각지에서 '지속가능한 사회'를 만들어가는 대책이 필요하다.

자원을 마음껏 쓰면서 폐기물을 대량으로 만들어내고 부자와 가난한 사람의 격차가 점점 벌어지는 경제 체제로 가다가는 정말 돌이킬 수 없는 날이 올 것이다. 이 세상이 정말 '지속 불가능'해진다면 가장 고통스러운 사람은 앞으로 이 세상을 살아갈 젊은이들이다.

SDGs는 그렇게 되기 전에 지혜를 모아 지금 이 세계를 '지속가능한 세계'로 다시 만들기 위한 목표다. 그 목표를 실현하기 위해서는 여러분 모두의 지혜와 협력이 필요하다.

SDGs 시대의 교육

기타무라 유토(北村友人) ●도쿄대학 대학원 교육학연구과 부교수

교육은 지속가능한 사회를 실현하는 데 매우 중요한 역할을 한다. 사회가 지속가능하기 위해서는 사람들이 서로 다른 문화와 가치관을 존중하며 평화적이고 민주적인 사회를 구축하고, 건전한 경제 활동에 종사하며 의식주가 충족된 '풍요로운' 생활을 누릴 수 있어야 한다.

이러한 목표를 실현하기 위해서는 사람들 안에서 시민의식이 싹트고, 사회정의와 윤리 문제에 민감하고, 더불어 경제 및 사회 활동 참여에 필요한 지식과 기술을 익히고 충분히 활용할 수 있어야 한다. 그리고 국내외에 존재하는 다양한 문제에도 관심을 가지고 배움을 통해 그 문제들의 해결책을 모색하는 일이 중요하다.

SDGs에서 기대하는 교육의 역할은 목표4에만 한정되지 않는다. 실은 모든 목표에서 중요한 역할을 맡아야 하는 것이 교육이다. 환경이나 경제를 비롯해 SDGs와 관련된 여러 분야의 전문가를 육성하고, 지속가능한 개발의 이념에 공감하고 실천할 수 있는 시민을 육성하는 데 교육은 매우 중요한 역할을 한다. SDGs의 각 목표를 실현하기 위해 꼭 필요한 연구 개발과 기술 혁신은 고등교육기관을 중심으로 행해지고 있다. 교육은 SDGs의 기반을 지탱하고 있는 셈이다.

하지만 오늘날 세계 곳곳에는 가혹한 교육 현실이 눈앞에 펼쳐져 있다. 이를테면 읽고 쓰기를 제대로 할 수 없는 15세 이상인 사람이 전 세계에 7억 명 이상(50쪽)이다. 또 취학연령이 됐음에도 초등학교에 가지 못하는 아이들은

5,000만 명이 넘는다. 이처럼 전 세계에는 여전히 기초적인 교육을 받는 일조차 여의치 않은 사람들이 많다는 사실을 이제는 여러분도 잘 알 것이다. 이러한 상황은 주로 개발도상국이나 분쟁지역에서 볼 수 있지만 선진국에서도 문제가 없는 것은 아니다.

일본의 경우만 보더라도 '상대적 빈곤'에 놓인 아이들의 비율이 선진국의 평균보다 높다. 장애가 있는 사람에 대한 교육 지원이 충분하지 않고, 등교 거부나 은둔형 외톨이로서 교육의 기회를 잃은 사람들, 경제적 이유로 대학 진학을 포기하는 젊은이들, 정리해고 등으로 직장을 잃고 효과적인 재교육 기회를 얻지 못하는 사회인들이 여전히 존재한다. 이러한 상황을 보면 설사 선진국이라도 목표4에서 말하는 이념을 충분히 실현하고 있다고 보기는 어렵다.

사회는 급변하고 있다. 2015년과 비교해서 2030년에는 노동인구의 약 49%가 인공지능이나 로봇으로 대체될 거라는 예측이 나왔다. 이 보고서에는 대체가 어려운 직업으로 '추상적인 이념을 정리·창출하는 지식이 요구되는 직업, 타인과의 협력이나 타인의 이해·설득·협상·서비스 지향성이 요구되는 직업'을 꼽는다.* SDGs 시대의 교육은 이러한 능력을 키워야 함을 의미한다.

지속가능한 사회를 실현하기 위해서는 기초적인 교육의 기회를 모든 사람에게 보장하는 일과 더불어 이미 체계화된 지식과 기술을 전달하는 일도 중요하다.

하지만 이에 더해 급변하는 사회에 적응하기 위해 '배우는 법을 배우는' 교육을 탐구하는 일도 필요하다. 그러한 교육이 학교뿐 아니라 사회 곳곳에서 전개되기를 기대한다.

*노무라 종합연구소. https://www.nri.com/jp/news/2015/151202_1.aspx [2018년 2월 14일 열람]

마음의 장벽을 없애자!
사람의 의식을 바꾸는 디자인

스도 신지(須藤シンジ) ●NPO법인 피플디자인연구소 대표이사

우리는 2012년 4월 도쿄 시부야에서 도시개발 NPO 활동을 시작했다. 목표는 '다이버시티(diversity)의 실현'. 다양성을 포용할 줄 아는 것이 지역 사회의 지속가능성을 보장하는 중요한 요소라고 여겼기 때문이다. 이후 '마음의 장벽 허물기'를 창조적으로 실현하는 사고와 방법론을 '피플 디자인'으로 정의하고, 기존의 복지를 뛰어넘는 '초(超) 복지'를 표방하며 활동 중이다.

이 활동의 기점은 20년 전으로, 필자의 둘째 아들이 중증의 뇌성마비를 안고 태어난 날부터다. 복지 서비스의 수혜자가 되고 나서야 비로소 보이기 시작한 것이 있다. 그것은 비장애인·장애인 양쪽 모두의 마음속 깊이 자리한 '가엾다', '딱하다', '될 수 있으면 저렇게 되고 싶지 않다' 따위의 낙인(stigma), 즉 '마음의 장벽'이었다. 최근 들어 전철역 승차장 등에서 역무원이 휠체어를 탄 장애인을 차량에 태우는 광경을 자주 본다. 하지만 일반인이 휠체어 이용자에게 손을 내미는 모습은 여전히 보기 어렵다.

유럽은 지금도 거리에 석조 바닥이 많이 남아 있어 길이 울퉁불퉁하다. 그 바닥을 막대한 비용을 들여 평탄하게 만들기보다는 적은 예산을 들여 역사적 건조물로 보존하려는 경향이 있다. 장애인에게는 불편한 일이 아닐 수 없다. 그런데 휠체어 이용자는 물론 신체장애인을 거리에서 마주치는 빈도가 압도적으로 많았던 런던 장애인 올림픽 개최 기간에 통행인들이 시내 역 계단에서 휠체어가 오르내릴 수 있도록 돕는 모습은 마치 일상적인 일처럼 보였다.

주요 선진국에서는 드문 일이지만 일본에서는 대개 초등학교 입학 단계에서 비장애인의 일반 학급과 장애인의 특별지원 학급으로 나뉜다. 그 때문에 장애인과의 접촉 빈도가 지극히 낮다. 가령 다음의 성씨를 가진 지인을 떠올려보자. 사토, 스즈키, 다카하시, 다나카, 와타나베, 이토. 그럼 동시에 장애가 있는 친구는 몇 명이나 있을까? 사실 일본의 장애인 수는 약 859만 명*으로 일본에서 가장 많은 성씨 1위에서 6위까지의 합계와 거의 맞먹는 수치다.

우리는 장애가 있는 사람들과 교류하는 방식에 익숙해질 기회를 갖지 못하고 '무지'한 상태로 어른이 되는 경우가 많다. '무지'는 '공포'와 흡사한 '회피하고 싶은 감정'을 조장한다. 이것이 '마음의 장벽'이다. 이 문제의 뿌리는 교육 과정을 포함한 사회관습에 의해 새겨진 무의식 속에 있는 것은 아닐까? 지금이야말로 교실 밖으로 나가 자신의 몸과 시간을 써서 '새로운 상식'을 세울 때다. '지(知)'는 타인에 대한 '베풂(惠)'으로 활용할 때 비로소 '지혜(智惠)'라는 이름으로 계승된다. 지금 디자인해야 할 것은 환경이나 건축물 같은 하드웨어만이 아니라 행동과 행위, 그곳에서 성장하는 사람들의 의식이다.

부디 세계로 눈을 돌리자. 기존의 상식과 정면으로 마주하고 의심해 보자. 소설이나 영화 속 이야기인 줄 알았던 놀라운 기술들이 매일 현실이 되고 있다. 기술뿐 아니라 관습과 의식도 스포츠나 엔터테인먼트의 힘으로 변할 수 있다. 영화 〈스타트랙〉, 〈엑스맨〉, 〈주토피아〉의 주인공들처럼 선천적인 '타인과 다름'이 원동력이 되어 소수파(minority)가 다수파(majority)를 뛰어넘는 것도 시간문제일지 모른다.

다양한 사람들이 함께 기뻐하고 자연스레 섞이는 사회. 의무나 권리의 주장과는 다른 차원에서 다양한 가치관의 대화와 교류에 가슴 설레는 세상. 디자인의 힘을 빌려 다음 세대의 여러분과 함께 꼭 그런 미래를 만들고 싶다.

* 2017년도 장애자백서(일본 내각부)

7 모두를 위한 깨끗한 에너지

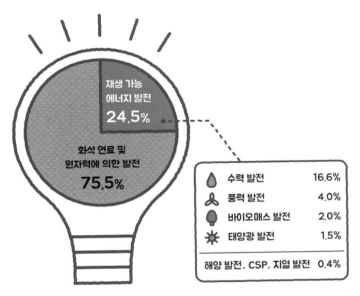

세계의 재생 가능 에너지 발전의 비율

※2016년, 추계

재생 가능
에너지 발전
24.5%

화석 연료 및
원자력에 의한 발전
75.5%

💧	수력 발전	16.6%
🍃	풍력 발전	4.0%
🌰	바이오매스 발전	2.0%
☀	태양광 발전	1.5%
해양 발전, CSP, 지열 발전		**0.4%**

출처 : Advancing the Global Renewable Energy Transition (REN21: Renewable Energy Policy Network for the 21st Century, 2017)

전 세계에는 지금도 12억이 넘는 사람이 전기 없이 생활을 하고 있다. 그러한 지역에서는 요리나 난방을 위해 집 안에서 장작이나 숯을 태우는데, 그로 인해 실내 공기가 오염돼 건강을 크게 해치고 있다. 또 해가 지고 어두워지면 공부나 독서도 할 수 없다.

오늘날 에너지 대부분은 석유나 석탄, 천연가스 등 유한하고 온실가스를 배출하는 자원으로 생산한다. 이러한 에너지를 사용하는 사람이 증가하면 할수록 기후 변화는 심각해질 우려가 있다.

이 두 가지 문제를 해결하는 방법은 생산한 에너지를 더 효율적으로 사용하고, 재생 가능 에너지의 사용을 늘리는 것이다.

그러나 아무리 청정 에너지라 해도 개발도상국 국민은 엄두도 못 낼 가격이라면 해결책이 될 수 없다. 더 좋은 제도와 기술을 개발해 값싸고 깨끗한 에너지를 공급할 수 있어야 한다.

생각해 보기

일본에서는 전체 에너지 중 재생 가능 에너지가 차지하는 비율이 20% 이하로, 전 세계 평균 이하다. 일본은 왜 재생 가능 에너지 도입이 더딘 것일까?

미래를 바꾼 아이디어
《아프리칸 클린 에너지》

청정 풍로로
아프리카의 대기 오염에 맞서다

샘플 상품은 온라인으로 구매할 수 있다. 아프리칸 클린 에너지의 본사는 네덜란드에 있으며 주요
공장은 레소토에 있다. ⓒafrican clean energy

바이오매스 연료를 이용한 고효율 풍로

전기나 가스가 보급되지 않는 사하라 이남의 아프리카에서는 지금도 음식을 조리할 때 목탄이나 석탄 풍로 또는 모닥불을 쓴다. 그 과정에서 발생하는 유해 연기는 대기를 오염시키고, 집 안에 남아 대류를 하는 오염물질은 인체에 흡입되어 건강에 심각한 문제를 일으키기도 한다.

2011년에 설립된 **아프리칸 클린 에너지***는 그러한 지역에 청정 풍로와 지속가능한 에너지를 공급하기 위해 바이오매스 연료를 이용하는 고효율 풍로를 개발했다. 이 풍로는 지저깨비나 가축분 등 재생 가능한 재료를 태워 가스를 연소시키는 장치다. 기존 풍로보다 연기 발생이 적고 연료도 훨씬 적게 든다. 그리고 팬을 돌리기 위한 전지는 태양광 충전이 가능하며, 휴대전화 충전이나 LED 전기의 점등에도 사용할 수 있는 편리한 물건이다. 여성과 아이들이 연료를 확보하기 위해 시간과 노력을 들이지 않아도 될뿐더러 연료용으로 목재를 벌채해서 생기는 삼림 파괴도 막을 수 있다.

세상 사람들은 다양한 환경에서 살고 있어서 어느 지역 누군가에게는 편리한 물건일지라도 다른 환경, 다른 사람에게 반드시 해결책이 된다는 보장은 없다. 구체적인 요구에 맞게 디자인하는 것이 중요하다.

Q4 풍력 발전의 누적 도입량이 가장 많은 나라는?

1. 독일
2. 미국
3. 중국

*정답은 79쪽

★ 더 알고 싶어!　African Clean Energy
https://africancleanenergy.com/ (영어)

미래를 바꾼 아이디어
《솔라 루프 타일》

지구와 경관을 해치지 않는 태양광 패널

테슬라의 솔라 루프 타일은 슬레이트나 기와 등 네 종류가 있다. 기존 태양광 패널에서는 볼 수 없었던 디자인이지만 발전 효율은 거의 떨어지지 않는다고 한다. ⓒTesla Motors

자동차 제조사가 제안하는 아름다운 발전發電

일상의 편리한 삶을 뒷받침하는 에너지. 하지만 원자력 발전이나 화력 발전은 안전이나 환경 면에서 문제가 있다. 그에 비해 태양광 발전은 온실 가스, 폐기물, 배수, 배기가 발생하지 않고 소음이나 진동도 없다. 설비를 설치할 때 제한도 적어서 최근에는 발전소가 점차 증가하고 있다.

하지만 좋은 점만 있는 것은 아니다. 태양광 발전소는 휴경지나 산림을 개간한 장소에 설치하는 경우가 많은데, 인공적인 패널이나 쇠파이프로 된 발판이 산과 숲 등 주변 자연과 어울리지 않아 경관을 해친다는 의견도 있다. 그런 문제를 해결한 것이 미국의 **테슬라***가 판매하는 지붕 일체형 태양 전지 '솔라 루프 타일'이다. 지붕에 설치하는 타입으로, 태양과 직면하는 각도에서는 투명하지만 비스듬한 각도에서는 불투명하게 보이는 특징이 있다. 기존의 지붕재 못지않은 외관으로 주변 경관과 잘 어우러진다.

전기 자동차의 개발과 판매로 잘 알려진 테슬라는 집에서 사용하는 배터리도 세련되게 디자인한다. 솔라 루프와 함께 생활에 녹아드는 근사한 상품을 제안해 휘발유에 의존하지 않는 아름다운 생활을 실현하고 있다.

기술이 진보하면 자칫 경관에는 소홀해지기 쉽다. 이런 맹점을 해결할 방법은 무엇일지 생각해 보자.

A4 3. 중국

의외일지 모르나 풍력 발전 도입량은 중국이 압도적 1위다. 2위인 미국의 2배 이상을 자랑한다. 모든 원자력 발전소를 폐쇄하기로 한 독일은 3위. 일본은 해상이나 해안 등 풍력 발전에 적합한 토지가 있음에도 불구하고 현재는 19위다.
출처 : Global Wind Statistics 2017 (GWEC)

★더 알고 싶어!   Tesla Solar Roof
https://www.tesla.com/ko_KR/solarroof/ (한국어)

목표 8 양질의 일자리와 경제성장

노동에 종사하는 아동의 수
※2016년

약 **1억 5,200만 명**
전 세계 아동 10명 중 1명

출처 : Global Estimates of Child Labor (ILO: International Labour Organization, 2017)

일본에서는 '과로사'가 일어날 만큼 과도한 노동이 심각한 문제다. 국가나 기업이 경제성장에만 매달려 일하는 사람의 안전이나 교육, 적정 임금을 소홀히 하면 사람은 인간다운 생활을 영위할 수 없다. 이 목표8에서는 경제성장과 인간다운 삶이 가능한 일자리가 양립할 수 있는 방법을 생각해 보자고 촉구한다.

개발도상국에서는 높은 실업률과 함께 아동 노동이 큰 문제다. 고용자와 대등한 교섭을 할 수 없는 아동들이 마치 노예처럼 매매되는 일도 적지 않다. 선진국에서는 과로사뿐 아니라 여성이나 청년, 장애인, 이민자 등 사회적인 약자가 고용이나 임금, 노동 환경 등 여러 면에서 불리해지기 쉽다.

인간다운 삶을 희생해야만 성립하는 경제성장이 아닌 지속적인 성장이 가능하고, 일하는 보람이 있는 일자리에서 일할 수 있는 사회로 만들어가는 지혜가 필요하다.

생각해 보기

앞으로는 인공지능으로 인해 사라질 직업도 있다고 한다. 기술이 진보함에 따라 일하는 보람이 있는 일자리는 어떻게 달라질까?

8 DECENT WORK AND ECONOMIC GROWTH

미래를 바꾼 아이디어
《타라북스》

세계적인 인기에도
회사 규모는 작게

타라북스는 직원 15명과 공방 장인 25명 정도인 회사로, 많은 주문이 들어와도 기본적인 작업 속도
를 유지하며 사람의 손으로 한 장 한 장 찍어내 정성껏 제본한다. ⓒTara Books

소수의 사람이 수작업으로 꼼꼼히 그림책을 만들다

손으로 뜬 종이 위에 사람의 손으로 한 장 한 장 엮은 아름다운 그림과 글. **타라북스***라는 인도 출판사가 만든 그림책은 세계적으로 인기가 높다. 주문이 밀려들어 오지만 이 회사를 이끄는 두 여성은 회사 규모를 키우지 않을 생각이다. 규모가 커지면 회사에도 이익이고 더 많은 독자가 그들이 만든 책을 볼 수 있을 텐데, 왜 그런 걸까?

두 사람은 이렇게 말한다. "너무 많은 사람을 고용하면 직원은 회사에서 자신이 꼭 필요한 존재라고 느끼지 못해요. 그러면 좋은 책을 만들 수 없죠." 공방 장인에게는 장시간 일해서 책을 많이 만드는 것보다 몇 권 안 되더라도 정성껏 만들기를 바란다. 회사 규모를 키우지 않는 것은 일하는 사람들을 위한 일인 동시에 회사를 위하는 일이기도 하다.

잘 되면 잘 될수록 규모가 커지는 것은 이른바 비즈니스의 상식. 그것이 진정 직원과 소비자에게 행복한 일일까? 규모를 키우는 것이 목적이 되면 일에 대한 자부심이나 인간다운 삶, 상품의 질이 희생되는 것은 아닐까?

인도의 작은 출판사 타라북스는 무한 성장을 추구하기보다 관련된 사람들이 모두 행복해지는 것을 지향하는 비즈니스 자세로 전 세계에 질문을 던지고 있다.

타라북스를 만든 기타 울프(Gita Wolf, 오른쪽)와 V. 기타(V. Geetha, 왼쪽). 인도에서 여성 경영자가 세계적인 성공을 거두는 일은 아직 드물다. ⓒ요시쓰구 후미나리

★더 알고 싶어! Tara Books
https://tarabooks.com (영어)

미래를 바꾼 아이디어
《스몰 비즈니스 새터데이》

'작은 가게에서 쇼핑하자!'가
지역 경제를 살리다

시애틀에서 열린 행사에 참여한 수제 맥줏집. 스몰 비즈니스 새터데이 캠페인은 미국에서 성공해 일본을 포함한 전 세계 거리에서 열리고 있다. Photo: AP/ Aflo

지역 사회에서 돈을 순환시키기 위해 할 수 있는 일

사고 싶은 물건을 검색해 금세 찾을 수 있는 온라인 쇼핑몰이나 없는 물건이 없는 쇼핑센터는 확실히 편리하다. 그러나 그곳에서는 우리가 사용하는 돈의 행방은 잘 보이지 않는다. 아무리 소비가 활발해도 돈 대부분은 지역 밖으로 나간다. 그렇다면 내가 사는 지역 주민이 운영하는 작은 가게에서 물건을 사면 그 돈은 어떻게 될까? 가게 주인은 가게 수입으로 그 지역에서 재료를 사고 상품을 만들어 다시 지역 사람들에게 판다. 그러면 돈은 지역 내에서 순환해 지역 경제가 활성화된다.

이러한 돈의 움직임을 만들고자 아메리칸 익스프레스는 2010년 **스몰 비즈니스 새터데이***를 시작했다. 미국에서는 추수 감사절(11월 넷째 주 목요일) 다음 날 연중 최대 규모의 할인 행사가 시작되는 것이 관례인데, 그다음 날인 토요일을 지역 상점에서 쇼핑하는 날로 하자는 캠페인을 연 것이다.

참여 점포에는 포스터와 배지, 소셜 미디어 활용 툴 등을 제공한다. 소상공인과 소비자가 참여하는 '작은 가게에서 쇼핑하는 날'은 큰 붐을 일으켰고 현재는 연례행사로 완전히 정착됐다.

한 사람 한 사람의 소비 행동이 모여 지역 사회에 큰 힘이 된다. 물건을 살 때는 어느 상점에 가면 지역 사회에 보탬이 될지 꼭 한번 생각해 보자.

목표8에서 궁금한 단어 **양질의 일자리**

목표8에서는 일하는 보람이 있고 인간다운 생활을 할 수 있는 일, 즉 '양질의 일자리(Decent Work)'를 모든 사람이 누리는 것이 목표다. 실업 해소 등의 '수치'뿐 아니라 일하는 보람과 근무 체계 같은 노동의 '질'에 주목하는 이유는 한 사람 한 사람이 오랜 기간에 걸쳐 합리적이고 생산적으로 일함으로써 지속적인 경제성장을 실현할 수 있기 때문이다.

★더 알고 싶어! American Express Small Business Saturday
https://www.americanexpress.com/us/small-business/shop-small (영어)

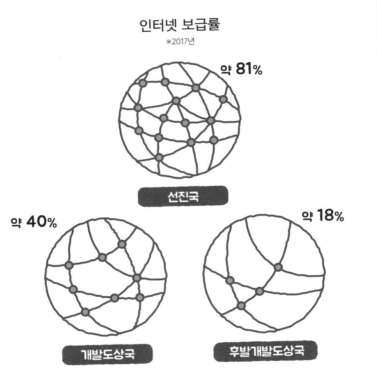

인터넷 보급률
※2017년

약 **81%**

선진국

약 **40%**

약 **18%**

개발도상국

후발개발도상국

출처 : ICT Facts and Figures 2017 (ITU: International Telecommunication Union)

세계적으로 자연재해가 증가하고 있는 지금, 도로망과 전력망, 수도 등 사람들의 생활을 지탱하는 기반(인프라)을 온전히 지켜내기란 거의 불가능하다. 그래서 선진국에서는 무슨 일이 일어나도 신속히 복구할 수 있는 '탄력성(resilient)'을 갖춘 인프라 구축이 요구된다.

개발도상국에서는 경제성장의 밑거름이 되는 새로운 산업을 일으키기 위해서라도 도로와 전기, 물은 물론 인터넷 접속이나 금융 서비스 같은 사회와 경제를 지탱하는 인프라 정비가 필요하다.

그러나 일부 사람만 독점하고 자원을 대량으로 소비하는 산업을 만들어낸다면 양극화와 자원 고갈 등 다른 문제가 심각해진다. 널리 공평하게 누구나 참여할 수 있는 산업 그리고 자원을 효율적으로 사용하는 지속가능한 산업을 창출하기 위해서는 기술 혁신(innovation)을 빼놓을 수 없다. 기술 혁신을 위해서는 국가와 기업이 당장 결과가 나오지 않는 연구 개발이나 긴 안목으로 본 이익에 주목하는 자세가 중요하다.

생각해 보기

선진국에서는 유선전화가 보급된 후 휴대전화가 탄생했지만, 아프리카에서는 유선전화보다 휴대전화가 더 널리 보급되었다. 기술 혁신이 일어나면 개발도상국은 거침없이 새로운 기술을 도입하는 것이다. 이 밖에도 이러한 분야가 없는지 생각해 보자.

미래를 바꾼 아이디어
《유직 프로그램》

업무 기술을 활용해
신흥국의 사회 문제를 해결하다

인도네시아의 한 사회적 기업 대표와 유직자(식품제조사 연구원)의 회의(가운데는 크로스필즈 직원).
2011년에 시작해 2017년까지 10개국으로 70개 이상의 단체에 130명이 넘는 유직자를 보냈다.
ⓒ크로스필즈

나, 일, 사회 ― 모두를 위한 여행

지하철을 타면 어른들의 얼굴이 무표정하다고 느낀 적은 없는가? 코앞에 닥친 목표나 일정에 쫓겨 사회에 대한 비전을 잃은 직장인이 많아서 그런지도 모른다. **비영리법인(NPO) 크로스필즈***의 '유직(留職)'은 '유학'에서 가져온 단어로 직원들이 자신이 속한 기업이 아닌 개발도상국에 가서 몇 달간 일하는 프로그램이다.

"글로벌 리더를 육성할 수 있다", "신규 사업 창출을 기대할 수 있다", "일하는 의의를 체감한 유직자의 열의가 조직에 전해져 기업이 활성화된다"며 기업들이 주목하고 있다. 직원이 업무로 쌓은 지식과 기술을 신흥국에서 현지 NGO나 기업과 함께 사회 문제 해결에 활용한다. 이를테면 현지 농산물을 이용한 식품을 개발해 농가의 고용 창출과 생활 향상에 기여(식품제조사·연구직)한다거나, 전기가 없는 지역에서 태양광 조리 기구를 값싸게 만들어 가난한 사람들도 구매할 수 있게 하는 일(전열기 제조사·연구직) 등이다. 이국 땅에서 현지인들과 함께 목표를 세우고 달성하는 일은 고된 경험이지만, 일의 의미와 가치를 재발견하게 된다. 신흥국은 선진국의 장인 정신과 비즈니스를 배우는 기회가 된다. 선진국은 비즈니스의 지식과 경험이 풍부하다. 그 강점을 사회 문제 해결에 활용할 '기회'가 있다면 열정을 품고 일하는 사람이 늘고 세상도 바뀔 것이다. 그러한 기회를 늘리려면 어떻게 해야 할까?

🐧 목표9에서 궁금한 단어　리질리언트 인프라

SDGs에는 '리질리언트 인프라'라는 단어가 자주 등장한다. 리질리언트(resilient)의 의미는 무슨 일이 있어도 부서지지 않는 단단한 것이 아니라, 무슨 일이 있어도 바로 최소한의 기능을 복구할 수 있는 '회복 탄력성'을 말한다. 기후 변화로 자연재해가 증가하고 있는 오늘날, 리질리언트는 인프라 구축에 반드시 필요한 요소로 자리 잡고 있다.

★더 알고 싶어!　비영리법인 크로스필즈
　　　　　　　　http://en.crossfields.jp/ (영어)

미래를 바꾼 아이디어
《크라이시스 맵핑》

재해 지역의 지도를 함께 만들다

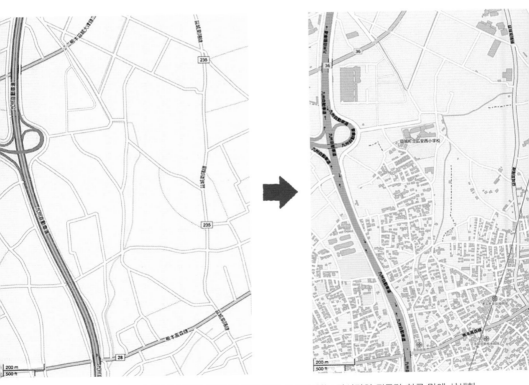

2016년 4월에 발생한 구마모토 지진 때 재해 지역 중심에 있는 마시키의 지도가 하루 만에 상세한
지도로 갱신되었다. ⓒ크라이시스맵퍼스·재팬

인터넷으로 정보를 수집해 구조·지원 활동에 활용하다

재해 지역의 사람들에게 한시라도 빨리 구호물자를 전달하고 싶다. 하지만 그곳으로 가는 도로는 토사가 무너져 막혀 있다. 다른 안전한 길은 없을까? 큰 재해가 발생하면 도로나 이정표가 될 만한 건물이 무너져 지형 자체가 바뀌기도 한다. 그럴 때 유용한 것이 피해 상황을 인터넷 지도에 그려가는 **크라이시스 맵핑*** 활동이다. SNS, 드론의 공중 촬영 영상, 자동차 내비게이션이나 휴대전화의 위치 정보 등 재해 지역의 온갖 데이터를 자원봉사자들이 정리해 지도에 그려 넣는 활동이다.

지도는 실시간으로 갱신되기 때문에 신속하고 기동성 있는 구조·구호 활동이 가능하다. 지도의 인쇄나 복사, 배포도 자유롭다. 이 활동은 2010년 아이티 지진을 계기로 전 세계적으로 활동이 확산되었고, 동일본 대지진과 이즈오시마의 태풍, 구마모토 지진 때도 큰 도움이 되었다.

그러한 활동이 가능했던 이유는 OpenStreetMap(OSM)이라는 인터넷 지도 덕분이다. OSM은 일반 지도와는 달리 많은 부분 저작권 걱정이 없고, 전 세계 사람이 자유로이 지도 제작에 참여할 수 있다. 이 시스템을 활용하면 여러 문제를 해결할 수 있고 사회를 더 안전하고 살기 좋은 곳으로 만들 수 있을 것이다. 여러분은 어떤 문제를 해결하고 싶은가?

크라이시스 맵핑 작업에는 장거리를 날 수 있는 고정 날개형 드론이 활약한다.
ⓒ크라이시스맵퍼스·재팬

★ **더 알고 싶어!** 비영리민간단체 크라이시스 맵퍼스
http://crisismapping.ning.com/ (영문)

91

전 세계 부의 편중

전 세계 부의 절반 이상을 부유층 1%가 보유하고 있다.

출처 : An Economy for the 99% (Oxfam, 2017)

세계에는 76억 명의 사람이 살고 있는데, 전 세계 부의 절반 이상을 단 1%의 사람들이 소유하고 있다. 이처럼 부가 일부 사람들에게 계속 집중된다면 아무리 경제가 성장해도 가난한 사람은 계속 가난한 상태로 남는다. 양극화를 내버려 두지 않고 편중된 부를 효율적으로 재분배하는 시스템을 만든다면 빈곤과 기아는 물론 분쟁 해결로도 이어진다.

또 선진국이나 개발도상국을 불문하고 나이, 성별, 장애 유무, 인종, 민족, 출신, 종교 등에서 오는 불평등은 세계 곳곳에 존재한다. 하지만 다양한 사람들이 활약할 수 없는 사회에서는 지속적인 성장도 바랄 수 없다.

한 국가 내에서만 해결할 수 없는 문제도 있다. 예컨대 다른 나라로 이주하는 사람이 받는 불이익은 방치되기 쉬우며, 국제 원조의 경우 돈을 내는 선진국의 발언권이 커져 원조를 받는 개발도상국의 목소리가 충분히 반영되지 않는 일도 적지 않다. 국가 간 협정이나 사회 시스템을 변화시키려는 노력이 필요하다.

생각해 보기

사회에서 소외되는 사람이 없도록 하는 것을 '사회 통합(social inclusion)'이라고 한다. 소외된 사람에게뿐 아니라 사회에도 이러한 자세가 중요한 이유는 무엇일까?

미래를 바꾼 아이디어
《패션 레볼루션》

'누가 만들었는가?'가
패션 업계를 변화시키다

2018년 2월 SNS에 #WHOMADEMYCLOTHES라는 해시태그가 20만 건, #IMADEYOURCLOTHES는 3만 4,000건이 업로드되었다.
ⒸRachel Manns (상단 왼쪽) ⒸWinter Water Factory ⒸWE ARE ZRCL
ⒸDenimsmith, based in Melbourne Australia, www.denimsmith.com.au (하단 왼쪽부터)

SNS에서 소비자와 생산자가 연결되다

근사한 옷을 싸게 살 수 있다면 누구라도 기쁠 것이다. 하지만 근사한 옷을 어떻게 해서 싸게 팔 수 있는지 그 이유를 생각해 본 적은?

2013년 4월, 방글라데시에서 비참한 사고가 일어났다. 의류제조업체의 봉제공장들이 입주해 있는 '라나 플라자' 건물이 붕괴해 노동자 1,100명 이상이 사망했다. 사고 후 그들이 얼마 안 되는 임금을 받으며 장시간 노동에 시달려온 사실이 알려졌다. 전 세계가 슬픔과 경악에 휩싸였다.

이 참사를 계기로 시작된 것이 **패션 레볼루션***이다. 패션 업계 내 돈의 움직임을 파악해서 어떻게 만들어진 옷을 사야 하는지 소비자 스스로 생각해 보자는 운동이다. 일류 모델, 제조사가 앞장서면서 지금은 90개국 이상이 참여하는 대규모 캠페인이 되었다.

캠페인에 참가하는 방법은 간단하다. 옷을 구매한 소비자가 옷 뒷면의 꼬리표를 촬영해 SNS에 #WHOMADEMYCLOTHES(누가 내 옷을 만들었나요?)라는 옷의 제조사를 묻는 해시태그를 붙여서 올린다. 그러면 그 질문에 생산자는 #IMADEYOURCLOTHES(내가 당신의 옷을 만들었어요)라는 해시태그와 함께 자신의 사진을 올린다.

하나하나의 상품 이면에는 다양한 이야기가 숨어 있다. SNS를 이용하면 패션 외에 다른 비즈니스 세계의 이야기도 엿볼 수 있을 듯하다.

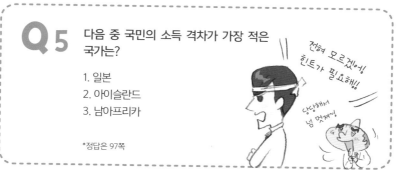

Q5 다음 중 국민의 소득 격차가 가장 적은 국가는?

1. 일본
2. 아이슬란드
3. 남아프리카

전혀 모르겠어! 힌트가 필요해!!

당당해서 넘 멋져잉

*정답은 97쪽

★더 알고 싶어! 패션 레볼루션
https://www.fashionrevolution.org (영어)

미래를 바꾼 아이디어
《라쿠친키레이* 슈즈》

모든 사람에게 맞는
신발 치수를 갖추다

'체험 스토어'에는 모든 치수의 신발이 진열돼 있어 언제든지 신어볼 수 있다.

*라쿠친키레이(ラクチンきれい) : 일본어로 '편하고 예쁘다'는 의미

작은 차이의 불편을 없애 불평등을 해소하다

발 치수는 사람마다 조금씩 다르다. 큰 사람이 있는가 하면 작은 사람도 있다. 자신에게 맞는 신발이 없는 사람은 헐떡거리거나 꽉 끼는 신발을 그냥 신을 수밖에 없다. 그걸 당연하다고 생각하는가? 간과하기 쉽지만 많은 사람이 일상에서 겪는 이런 사소해 보이는 일에 불평등이 존재한다.

일반적인 신발 치수로는 일본인의 약 70%만이 자기 발에 맞는 신발을 고를 수 있다. '마루이'라는 상업시설 사업에 진출한 **마루이그룹**[*]은 소비자의 요구를 100% 수용하고자 신발 치수 폭을 확대한 신발 시리즈를 개발해 모든 사람이 자신에게 딱 맞는 신발을 신을 수 있도록 했다. 원하는 디자인의 신발 치수가 없어 불편했던 사람들도 이 신발 시리즈 덕분에 고민을 덜게 됐다. 치수 단계가 많아지면서 재고품이 대량 발생할 수 있는 문제는 매장에서 샘플을 신어보고 인터넷으로 주문 구입하는 시스템을 도입해 해결했다. 결과적으로 트럭 운송도 감소하면서 환경오염도 줄어든다.

불평등이 있다면 그 불평등을 해소하는 방법은 바로 소비자의 요구를 들어주는 것이다. 그 요구를 충족시킴으로써 이익을 높이고 사회적 사명도 다할 수 있다. 이런 방법으로 해소할 수 있는 불평등은 적지 않을 것이다.

A 5 2. 아이슬란드

사회에서 소득분배의 불평등도를 나타내는 '지니 계수'는 아이슬란드가 0.25, 일본은 0.33이며 남아프리카는 0.62다. 0.4 이상은 격차에 대한 불만이 높아져 사회가 불안정해지는 경계선으로, 0.6 이상은 언제든 폭동이 일어날 수 있는 위험선으로 보고 있다. 참고로 0은 완전평등, 1은 완전불평등을 나타내며, 수치가 클수록 불평등도도 높다.

출처 : OECD Social and Welfare Statistics (OECD, 2018)

★더 알고 싶어! 주식회사 마루이그룹 서스테이너빌리티
http://www.0101maruigroup.co.jp/sustainability/ (일본어)

세계의 도시 인구 비율

1960년 약 **33.6**% (약 10억 1,400만 명)

2016년 약 **54.3**% (약 40억 2,700만 명)

출처 : World Bank Open Data (The World Bank)

도시는 소비만 하는 이미지!

앞으로는 도시 내에서 만들어 순환시켜야 해.

현재 도시에 사는 사람의 수는 세계 인구의 절반 이상을 차지한다. 그 수는 앞으로도 계속 증가해 2050년에는 3분의 2에 달할 것이라는 예측도 있다.

도시에는 인구 집중으로 인한 주택 부족, 노후화된 건물로 인한 위험, 대기 오염과 쓰레기 문제, 양극화 심화, 범죄 등 도시 특유의 문제가 도사리고 있다.

또 도시는 지진이나 태풍, 홍수 같은 재해가 발생하면 피해가 커지는 경우가 많으므로, 재해를 방지하는 노력과 더불어 재해가 발생하더라도 피해를 줄일 수 있는 '회복 탄력성'을 갖추는 일이 필요하다.

그리고 사람이 계속 살 수 있는 도시를 만들기 위해서는 도시와 건축물을 안전하게 만드는 일뿐 아니라 주민들이 도시 계획과 관리에 참여할 수 있는 시스템도 만들어야 한다. 인구가 집중된 도시에서 에너지나 기후 변화 같은 지구 규모의 문제에 적극적으로 대처한다면 큰 변화를 기대할 수 있다.

생각해 보기

일본의 도시에도 거주할 집이 없는 사람들이 많다. 집이 없으면 비바람을 피할 수 있는 안전한 장소가 없을 뿐 아니라 자력으로 삶을 재건하기 어렵다. 왜 그런지 생각해 보자.

미래를 바꾼 아이디어
《인크레더블 에더블》

'마음껏 수확하고 드세요'로 마을을 바꾸다

자원봉사자들이 작업하는 '수분 거리(pollination street)'에는 사과와 배 등의 과일나무와 벌이 좋아하는 꽃을 피우는 허브가 자라고 있다. '수분'이란 벌에 의한 꽃가루받이를 뜻한다. 이 거리에서 중요한 것은 살아 있는 모든 생명체에 충분한 양의 식용꽃(edible flowers)을 피우는 것이다.
ⓒPhotographer Estelle Brown of Incredible Edible Todmorden

누구나 어디서나 채소를 심고 수확하고

지금 여러분이 사는 동네는 어떤 곳인가? '좀 더 깨끗한 산책로가 있었으면' 하는 생각이 드는 사람도 있을 듯싶다. 어른들도 불만을 품을 때가 있지만, 대개는 '공무원들이 어떻게 좀 해야지, 주민들이 뭘 할 수 있겠어'라고 속으로만 투덜댄다.

그러나 그런 평범한 주민들이 일으킨 기적의 마을 가꾸기 **인크레더블 에더블 프로젝트***가 화제를 모으고 있다. 무대는 영국의 작은 시골 마을 토드모든(Todmorden). 이 마을에서는 정원, 길가, 가게 앞, 경찰서나 병원 앞, 주차장 구석 등 자투리땅에 식용 식물을 심어 'Incredible Edible(믿기지 않겠지만, 마음껏 수확하고 드세요)' 간판을 걸어둔다. 원래 주부들의 수다에서 태어난 기획이지만 삭막하던 거리에 푸른 채소가 넘쳐나고 채소를 가꾸는 사람, 수확하는 사람들이 도란도란 이야기를 나누게 됐다. 관광객들도 찾아오며 소문에 소문을 달고 활동 범위는 다른 마을로 확대되었다.

이 사례는 우리에게 마을을 변화시키는 데 영웅이 필요한 건 아니라는 사실을 알려준다. 평범한 주민들이 가벼운 마음으로 참여할 수 있는 계획으로도 마을은 분명 근사한 곳으로 바뀔 것이다.

Q6 일본의 지하철 노하우를 활용해 수도에 지하철을 건설한 나라는?

1. 미얀마
2. 부탄
3. 인도

부탄일 거야. 왕이 참 멋지더라고.

그게 뭔 상관이야….

*정답은 103쪽

★더 알고 싶어!   Incredible Edible Todmorden
https://www.incredible-edible-todmorden.co.uk (영어)

미래를 바꾼 아이디어
《쉐어 가나자와》

다양한 삶을 공유하며
모두가 활기차게

2014년 쉐어 가나자와의 개관 행사에서 가토 키친스튜디오가 주최한 원코인 요리교실(참가비 약 5,500원만 내면 수강할 수 있다─옮긴이). 로그하우스 같은 공간에서 아이부터 어른까지 다양한 연령층이 코스요리를 함께 만들었다. 왼쪽이 가토 시게카즈(加藤重和) 대표다. ⓒ쉐어 가나자와

장애인이나 비장애인, 고령자 모두 공동체의 일원

일본 이시카와 현 가나자와 시에 있는 **쉐어 가나자와***의 콘셉트는 '고령자, 청년, 아동, 장애인, 비장애인이 다 함께 즐겁게 살아가는 공동체'다.

이곳에는 다양한 사람들이 살고 있다. 그중에는 장애가 있거나 일상생활을 하기 힘든 고령자처럼 특별한 보살핌이 필요한 사람들도 있다. 도움이 필요한 사람들을 시설에서 살게 하는 것이 아니라 한 공동체 속에서 다양한 사람들과 함께 '한 덩어리'가 되어 살아가는 편이 어려움을 안고 있는 사람들도 건강해지고 다른 이들도 행복해지지 않을까, 하는 생각을 바탕으로 만들어진 곳이 쉐어(공유) 가나자와다.

특히 이곳은 다양한 사람이 다른 이에게 방해받지 않는 개인 생활이 가능하면서도 공동체의 일원으로 살아갈 수 있게 배려한 점이 곳곳에 눈에 띈다. 위압적인 건물 따위는 보이지 않고 누구나 이용할 수 있는 온천, 마음을 편안하게 하는 큰 나무와 풀 그리고 동물 같은 자연도 있다. 건물 외관과 주변 시설, 길 등도 마음이 편안해지도록 하나하나 신경 써서 디자인했다.

장애가 있든 없든 남녀노소 함께 소통하면서 건강해진다. 서로의 존재를 받아들이고 살아간다는 것은 서로를 지탱하는 일이기도 하다. 쉐어 가나자와의 존재로 공동체 본연의 의미를 다시 느낄 수 있다.

A6 3. 인도

경제성장으로 자가용을 이용하는 사람이 급증한 인도 델리에서는 도로 체증과 대기 오염이 심각한 문제였다. 그래서 일본이 자금과 기술 면에서 협력해 지하철을 건설했다. 일본의 철도 기술이 해외에서 활약하는 사례는 신칸센이 유명한데, 대도시 특유의 문제 해결에도 힘을 발휘하고 있다.

★ 더 알고 싶어! 쉐어 가나자와
http://share-kanazawa.com (일본어)

목표
12 책임감 있는 소비와 생산

품목별 식품 손실 비율
※2015년

곡물 30%

유제품 20%

어패류 35%

과일과 채소 45%

육류 20%

씨앗과 콩류 20%

뿌리채소류 45%

출처 : Food Loss and Waste Facts (FAO, 2015)

전 세계 사람들은 지금 막대한 에너지와 자원을 사용해 대량의 식품과 공업 제품을 생산·소비하며 동시에 대량으로 폐기하고 있다. 이러한 생산과 소비 방식이 앞으로도 계속된다면 지구는 도저히 버티지 못한다. 자원 고갈과 에너지 낭비가 초래하는 기후 변화뿐 아니라 물건을 만들 때 사용하는 유해 화학물질의 배출로 발생하는 환경오염도 문제다.

이러한 문제를 해결하려면 국가와 자치단체, 기업과 소비자가 각각 지속가능한 생산과 소비를 하도록 바꿔가야 한다. 구체적으로는 식품 손실 줄이기, 쓰레기 감량과 재활용 추진, 자원과 에너지의 효율적 사용, 그것을 뒷받침할 수 있는 기술과 시스템 개발 등을 들 수 있다.

앞으로 인구가 증가할 개발도상국은 물론이고 선진국도 협력해서 대처해 나간다면 그 효과는 클 것이다.

생각해 보기

자원 고갈, 기후 변화, 환경오염 외에 대량 생산·소비가 초래하는 문제에는 어떤 것들이 있을까? 또 기업의 과도한 생산 활동에 제동을 걸기 위해서 국가와 자치단체가 할 수 있는 일도 있다. 어떤 일일까?

라벨이 붙은 상품을 구매함으로써
'미래를 선택'하다

'서스테이너블 라벨'은 '지속가능한(sustainable)'이나 '윤리적(ethical)'인 성격과 관련된 라벨의 총칭이다. 일본 서스테이너블·라벨 협회는 일본 소비자에게 라벨에 대해 좀 더 널리 알리고, 업계를 초월해 계발·보급하고자 2017년 설립됐다.

바다의 에코 라벨 MSC(Marine Stewardship Council) 인증은 지속가능한 어업으로 어획한 수산물을 대상으로 하며(www.msc.org/jp), ASC(Aquaculture Stewardship Council) 인증은 책임감 있는 양식으로 생산된 수산물을 대상으로 한다(https://www.asc-aqua.org/).

생산자와 소비자의 마음을 연결하다

'좋은 물건을 합당한 가격에 사고 싶다'는 생각은 모든 소비자의 공통된 바람이다. 그런데 최근에는 한 단계 더 나아가 '구매를 통해 사회와 환경에 이바지하자'는 윤리적 소비(112쪽)를 하는 사람들이 증가했다. 그들이 확인하는 것은 그 제품이 어떤 식으로 만들어져 우리 손에 들어왔는지 알려주는 동시에 국제적인 기준을 충족하는지를 나타내는 **서스테이너블 라벨***이다.

이를테면 농약이나 화학비료 없이 재배한 유기농 면 수건을 사고 싶다면 'GOTS'나 'OCS'가 쇼핑의 단서가 된다. '국제공정무역 인증 라벨'이 붙어 있다면 안전한 환경과 적정한 임금을 준수하는 곳에서 생산되고 공정한 거래로 수입된 제품임을 알 수 있다.

그 밖에도 목재로 만든 가구나 종이는 'FSC®', 생선에는 'MSC'나 'ASC', 커피 같은 열대를 중심으로 하는 농작물에는 '열대우림동맹(Rainforest Alliance)', 비누나 가공식품에 사용되는 팜유에는 'RSPO' 등 제품 종류에 따라 다양한 라벨이 있다.

'더 좋은 세상을 만들고 싶다'는 생산자의 열망이 담긴 것이 바로 서스테이너블 라벨이다. 그 마음을 소비자에게 좀 더 잘 전달할 수 있는 좋은 아이디어는 없을까?

목표12에서 궁금한 단어 팜유

기름야자라는 식물의 열매에서 얻는 기름으로 우리가 일상에서 소비하는 과자나 세제 등 많은 제품에 사용하고 있다. 최근 기름야자 플랜테이션을 건설하기 위해 열대우림을 대규모로 벌채하면서 동식물 서식지가 급격히 사라지고, 또 노동자의 처우도 부당해 심각한 문제가 되고 있다. 앞으로 지속가능한 팜유 생산과 이용을 확대하는 일이 중요하다.

★더 알고 싶어! 일반사단법인 일본 서스테이너블·라벨 협회
https://jsl.life (일본어)

미래를 바꾼 아이디어
《테라사이클》

버린다는 개념을 버리다

재활용품을 활용해 디자인한 테라사이클의 사무실 ⓒterracycle Inc.

재활용으로 쓰레기를 없애다

길에 떨어진 담배꽁초는 누가 봐도 쓰레기일 뿐이다. 대부분은 못 본 척 그냥 지나친다. 간혹 길거리에 떨어진 꽁초를 주워 재떨이에 버리는 사람이 있을지도 모르겠다.

다국적 기업 테라사이클*은 쓰레기를 쓰레기라 생각하지 않고 적극적으로 활용한다. 도저히 재활용할 수 없을 듯한 것들도 재활용한다. 가령 담뱃재는 비료로 만들고, 필터는 일단 플라스틱 알갱이로 만들어 근사한 피크닉 탁자로 재탄생시킨다. 또 땀 억제제 용기로 자전거를 만들거나 다 쓴 펜으로 새 펜을 만들기도 한다. 이들의 활동을 후원하는 사람들과 기업은 전 세계로 확산되어 2018년에는 21개국 6,300만 명으로 증가했다.

설립자 톰 재키(Tom Szaky)는 열아홉 살에 이 사업을 시작하기로 마음먹었다. 그의 친구가 지렁이에 음식물 찌꺼기를 주고 그 배설물을 관엽식물의 거름으로 주는 모습을 본 것이 계기였다. 그때 '버린다는 개념 그 자체를 버리자'고 톰은 생각했다. 별수 없다며 포기한 일, 상식이라며 받아들인 일을 내던졌을 때 세상을 뒤엎을 만한 아이디어가 떠오르는 경우가 있다. 우리 주변에도 아이디어의 싹이 숨어 있을지 모른다. 찾아보자.

칫솔과 화장품 용기를 재활용해 만든 놀이기구 ⓒterracycle Inc.

★더 알고 싶어!   테라사이클
https://www.terracycle.com/ko-KR/ (한국어)

우리가 사는 곳은 누구의 것?
시민의 관점에서 지역 사회를 생각해 보자

시무타 노부코(紫牟田伸子) ●시빅 프라이드 연구회, 편집자, 저널리스트

남미 콜롬비아에 메데진(Medellín)이라는 도시가 있다. 메데진은 마약 조직의 거점이 있어 살인 사건이 많은 위험한 도시로 악명이 높았다. 단속을 해도 전혀 나아지지 않았다. 메데진 시에서는 이러한 상황을 개선하기 위해 지역주민들의 삶을 재검토하는 일부터 시작했다. 시내에 늘어나는 빈민가는 마약의 온상이었다. 거주자 대부분은 직업이 없었고, 무직자의 가정에서 자란 아이들은 교육을 받지 못하고 일자리를 얻지 못해 가난의 악순환에서 좀처럼 벗어나지 못했다.

메데진 시는 빈곤퇴치와 교육의 보급을 도시 재생의 축으로 삼아 빈곤층이 많은 지역에 새로운 공공 교통으로 로프웨이를 운행하고 도서관 다섯 개를 새로 지었다. 이를 계기로 치안이 급격히 개선되고 경제 활동도 진전되는 등 큰 성과를 거두었다.

사람은 누구나 지구 어딘가에 살고 있다. 사는 지역마다 특유의 환경이 있다. 각각의 풍토에 따라 고유한 문화가 있기 마련인데, 그 삶의 이면에는 가난과 노숙자, 이민자, 고독사, 양육의 어려움 등 수많은 문제가 도사리고 있다. 메데진의 사례로 마약 문제에 자리한 빈곤에 초점을 맞추고, 그 해결 방안을 눈에 보이는 형태로 제시함으로써 지역 사회가 변화한 것을 알 수 있다.

우리가 사는 지역을 좀 더 나아지게 하려는 크고 작은 시도가 증가하고 있다. 영국의 토드모든 마을에서는 마을의 공동 공간에 허브와 채소를 키우기

시작했다(100쪽). 그곳에서 자란 채소는 누구나 수확해서 먹을 수 있다. 우리의 건강과 식생활을 일상의 지산지소(地産地消: 지역생산·지역소비의 줄임말—옮긴이)로 꾸려나가는 즐거운 아이디어다.

지역 정책을 아이들과 함께 결정하는 '아동의회'도 퍼지고 있다. 혼자 밥을 먹는 아이들이 많아지면서 저렴하게 또는 무료로 밥을 먹을 수 있는 '아동 식당'을 여러 지역의 아주머니들이 시작했다. 빈집이 증가하면서 달라진 고향 풍경에 마음 아파하던 사람들이 빈집을 빵집이나 카페, 주부들이 모이는 소통의 공간으로 탈바꿈시킨 사례도 있다. 망가진 집을 수리하는 데 필요한 지식을 전문가에게만 의지하지 않고 주민들이 함께 해결하자는 시도도 있다. 장애인이 일할 수 있는 곳을 확대하거나 장애인을 후원하는 단체가 있는 곳도 있다. 또 지역에 있는 자원, 이를테면 삼림자원으로 새로운 에너지를 공동으로 생산하는 마을도 있다. 농업이나 어업 생산자와 도시 소비자를 IT 기술로 연결하는 새로운 순환 시스템을 만드는 사람도 있다. 배달 일을 하면서 독거노인이 잘 지내는지 확인하는 배달원도 있다.

지금 우리의 생활은 대개 돈을 내고 서비스를 받으면 유지할 수 있다. 집에 틀어박혀 게임을 하고 편의점 음식을 사 먹으며 살 수도 있다. 하지만 그러한 개인 중심주의인 사람들만 사는 지역 사회로 만족할 수 있는가? 여기서 소개한 대책들은 불우한 사람이나 사회 문제에 분노하고 불평하는 것이 아니라 공동체 안에서 왜 그런 일이 발생했는지, 어떻게 하면 분노하고 불평하지 않아도 될지를 함께 고민하며 낸 아이디어를 시스템이나 행동으로 전환한 사례들이다.

일본은 초고령화 사회로 이대로 가면 미래에는 사라질지도 모를 도시와 마을도 있다고 한다. 공동체는 사람이 있기에 공동체다. 현재도 그리고 앞으로도 어떻게 하면 즐겁게 더불어 살아가는 공동체가 될 수 있을지 좀 더 지혜를 짜내는 일이 중요하다.

나의 작은 행동이 미칠 영향을 생각하자!

스에요시 리카(末吉里花) ●일반사단법인 에티컬협회 대표이사

지금 여러분이 입고 있는 옷은 어디서, 누가, 어떻게 만든 것일까? 오늘 아침 마신 홍차는? 간식으로 먹은 초콜릿은? 아마 대부분 잘 모를 듯싶다. 아무리 제품을 들여다봐도 그 배경 정보까지 표시한 경우는 드물기 때문이다.

그런데 만약 그 상품을 만드는 과정에서 인간과 환경이 희생당하고 있다면? 우리도 모르는 사이 '구매'라는 소비자 행위를 통해 그러한 문제에 자신도 모르게 가담할 우려가 있다. 우리는 매일 무언가를 소비하며 생활하는데, 대표적으로 매일 입는 옷의 원료인 면이나 매일 마시는 커피·홍차, 초콜릿의 원료가 되는 카카오 등 대다수 제품이 개발도상국에서 생산된다. 그 생산 과정에는 노동 착취와 환경 파괴, 생물 다양성 손실 같은 심각한 문제가 도사리고 있다.

이 문제를 해결하는 데는 인간과 사회, 지구환경을 생각하는 윤리적으로 올바른 소비가 효과적이다. 학생, 기업 경영자, 직장인, 주부 등 우리는 누구나 소비자다. 일상의 작은 소비를 통해 세계가 안고 있는 과제 해결에 힘을 보탤 수 있다.

매우 일상적인 실천이므로 당장 오늘부터, 내일부터 누구나 할 수 있다. 윤리적 소비를 일상에서 실천한다면 SDGs의 17개 목표 중 12번째 '책임감 있는 생산과 소비'를 달성하기 위한 큰 한 발을 내딛는 것이다.

일본에서는 소비자청이 2015년 5월부터 2년에 걸쳐 '윤리적 소비 조사연구회'를 개최해 윤리적 소비의 틀을 만들었다. 윤리적 소비는 그 폭이 넓어서 '윤

리적'이라는 큰 우산 아래 공정무역을 필두로 유기농, 지산지소, 장애자 지원 상품, 후원 소비, 전통 공예, 동물 복지, 수익금 일부를 기부하는 상품, 리사이클·업사이클, 윤리적 금융 등 폭넓은 소비 형태가 존재한다.

그렇다면 구체적으로 어떤 일을 할 수 있을까? 기업은 소비자의 존재를 무시할 수 없으므로, 우리 소비자가 무엇을 요구하는지에 따라 기업의 생산 방식이 좌우된다. 소비자가 가진 힘은 절대적이다. 따라서 소비자가 각 제품의 배경을 의식하며 소비하는 일이 중요하다. 보이지 않는 부분을 보기 위한 상상력을 키우자. 또 공정무역이나 유기농 면, 지속가능한 삼림 인증 또는 어업 인증 라벨은 우리 대신 제품의 배경에 문제가 숨어 있지 않은지 확인해 보증한다. 이 인증을 확인하고 구매하면 편리하다. 기업에 혹은 마트에서 "공정무역 상품은 없나요?", "이 제품의 생산 과정을 알고 싶어요"라고 질문하는 것도 효과가 있다.

일상의 소비는 개인적인 행위로 끝나지 않는다. 인간과 환경, 사회, 더 나아가서는 미래에도 영향을 준다는 사실을 한 사람 한 사람이 자각하며 생활함으로써 더 나은 세상을 만들 수 있다. 또 예로부터 소중히 여겨온 '서로 돕는 마음', '감사할 줄 아는 마음', '아낄 줄 아는 마음'은 윤리적 소비라는 사고방식과 서로 깊이 통하는 부분이 있다.

모든 것을 한꺼번에 윤리적인 제품으로 바꾸는 일은 누구라도 불가능하다. 하지만 작은 소비에서부터 시작한다면 어려울 것도 없다. 가령 티셔츠를 살 때 다섯 장 중 한 장은 유기농 면으로 만든 제품을 구입하고, 늘 먹는 초콜릿을 공정무역 제품으로 바꿔보고, 지역 농가에서 직접 채소를 구입하는 등 작은 일부터 시작해 보자. 분명 새로운 발견과 기쁨이 있을 것이다.

일상을 즐기며 '나에게 이로운 것'과 '세상에 이로운 것'을 연결한다면 지구에 사는 모든 생명이 존중받는 미래를 실현할 수 있을 것이다.

'과학기술에 의한 지구 환경'을
어떻게 발전시킬 것인가?

무라이 준(村井純) ●게이오대학 환경정보학부 교수

2000년 우주 왕복선에서 두 번째 우주 비행을 경험한 모리 마모루(毛利衛)의 임무는 우주에서 지구를 관측하는 일이었다. 낮의 지구를 관측할 때는 바다와 육지 그리고 구름이 아름다운, 생명을 키워가는 '자연에 의한 지구환경'에 감동했다고 한다. 낮과 달리 밤의 지구를 관측하면 도시의 야경이 보이는데, 철도 노선도처럼 보이기도 하는 일본 열도의 불빛이 마치 보석과도 같아 크게 감동했다고 한다.

아름다운 불빛 아래 인간이 생활을 영위하고 있다. 그 불빛은 인간이 만든, 즉 '과학기술에 의한 지구 환경'이다. 모리 마모루의 관점은 인간과 사회를 위한 과학기술 개발에 종사하는 우리 모두에게 무척 큰 용기를 주었다.

SDGs에서 강조하는 인류와 지구의 과제는 복잡하고 어려워서 해결이 쉽지 않다. 1980년대에 등장해 90년대 전 세계에서 사용하게 된 인터넷은 21세기에 인간이 컴퓨터와 디지털 자료를 자유자재로 사용할 수 있게 한 20세기의 선물이라 할 수 있다. 모든 이에게 인터넷을 이용할 수 있는 환경이 마련되면 한 사람 한 사람의 의견과 발상, 다양한 정보와 자료를 자유로이 연결하는 일이 가능하다. 여러 사람이 힘을 합쳐 새로운 과제를 발견하고 해결하는 것. 그러한 환경을 누구에게나 제공하는 것이 인터넷의 사명이다. 2017년에 인터넷 사용 인구가 전 세계 50%를 넘어 마침내 모든 사람이 인터넷 활동에 동참할 수 있다는 목표지점이 보이기 시작했다.

문자, 소리, 영상, 지식, 측정 혹은 조사 결과 같은 데이터를 디지털 정보(수치)로 처리할 수 있고, 그 수치가 아무리 커도 계산하고 분석해서 새로운 해답을 도출해 내는 장치(컴퓨터)의 성능은 하루가 다르게 발전하고 있다. 디지털 장치는 대량생산하면 가격이 무척 저렴해진다. 이런 장점 때문에 고성능 장치도 많은 사람에게 급속도로 확산된다.

우리에게 친근한 스마트폰을 예로 생각해 보자. 스마트폰에는 아름다운 화면이 있고 고성능 카메라도 달려 있다. 위치 정보도 알 수 있고, 우리가 하는 운동이나 이동도 기록할 수 있다. 마이크와 스피커가 내장되어 말하고 들을 수 있다. 그리고 무엇보다 한 손에 들어오는 강력한 컴퓨터가 전 세계 인류 그리고 사회와 인터넷으로 항상 연결되어 있다. 누구나 알고 싶은 것을 알아내고, 다 같이 힘을 모아 해결책을 도모할 수 있게 된 것이다.

또 하나 중요한 것이 있다. SDGs의 목표는 복잡하고 어려운 과제를 해결하지 않으면 달성할 수 없다. 이처럼 복잡하고 어려운 과제를 해결하기 위해서는 각각 다른 감성과 능력을 갖춘 사람들이 힘을 모아야 한다. 지금까지 다양한 역할과 사명을 실현해 온 사회와 조직이 새로이 연대해야만 한다. 미래를 짊어질 다양한 사람들이 공통의 목표를 위해 힘을 모으는 일. 지금까지 종적 관계로 역할을 분담해 온 정부나 조직이 공동의 목표를 향해 횡적으로 연대하는 일. 이러한 일들은 인터넷을 전제로 하는 미래 사회에서 실현되어 SDGs의 추진에 큰 힘이 될 것이다.

한편 SDGs에서는 인류와 과학기술 사이에서 발생한 수많은 문제를 해결하고자 한다는 사실을 잊어서는 안 된다. 과학기술의 발전이 새로운 문제를 초래하지 않도록 SDGs에 관해 끊임없이 논의하고 미래를 창조하는 일도 중요하다. 인터넷과 디지털 기술을 전제로 한 미래의 지구환경이 밝고 투명성 있는 과학기술을 기반으로 건강하게 발전함으로써 SDGs 실현을 위한 활동이 한층 더 진전되기를 기대한다.

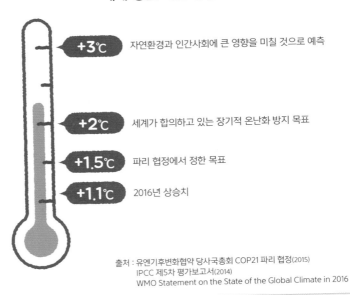

산업혁명 전(1880~1900년)부터의
세계 평균 기온 상승

+3℃ 자연환경과 인간사회에 큰 영향을 미칠 것으로 예측

+2℃ 세계가 합의하고 있는 장기적 온난화 방지 목표

+1.5℃ 파리 협정에서 정한 목표

+1.1℃ 2016년 상승치

출처 : 유엔기후변화협약 당사국총회 COP21 파리 협정(2015)
IPCC 제5차 평가보고서(2014)
WMO Statement on the State of the Global Climate in 2016

지구 온난화로 나타나는 이상 기후는 지금 전 세계에 큰 재해를 일으키고 있다. 가뭄이나 대홍수로 인한 가난과 굶주림에 고통받는 사람, 해수면 상승으로 땅을 잃는 사람은 갈수록 증가할 것으로 보인다.

온난화 문제는 지금까지 에너지를 소비해 온 선진국이 책임지고 앞장서서 대책을 세워야 할 문제지만, 오늘날의 기후 변화 대책은 선진국이나 개발도상국 할 것 없이 다 함께 나서지 않으면 때를 놓친다. 그래서 2015년 12월 전 세계가 기후 행동에 참여하기로 한 '파리 협정'을 유엔에서 채택했다.

기후 변화 대책에는 두 가지 방향이 있다. 화석 연료의 사용을 줄여 온난화를 억제하는 완화책과 이미 발생하고 있는 이상 기후 등이 초래하는 재해를 가능한 한 줄여서 기후 변화에 대응하려는 정책이다. 두 가지 대책을 병행해서 추진하되 선진국이 앞장서서 큰 책임을 지고 개발도상국에 대책을 지원하는 일이 필요하다.

생각해 보기

이상 기후로 인한 피해는 또 어떤 것이 있을까? 17개의 목표 가운데 이상 기후의 영향을 받는 다른 목표는 무엇인지 생각해 보자.

미래를 바꾼 아이디어
《트랜지션 타운》

화석 연료에 의존하지 않는 삶을 지역 단위로 꿈꾸다

재생 가능 에너지 보급을 추진하는 단체는 도쿄 교외 하치오지 시 지역의 한 낙농가 우사에 태양광 발전소를 설치했다. ⓒ일반사단법인 하치오지 협동에너지

지역활동을 통해 공동체의 연대를 강화

만일 석유나 석탄이 공급되지 않는다면 여러분이 사는 도시나 마을은 제대로 기능할까? 기후 변화와 피크 오일(석유 채굴량이 언젠가 감소로 전환될 것이라는 예측), 이 두 가지 문제에 대응하기 위해 영국 토트네스(Totnes) 마을에서는 2006년 **트랜지션 타운*** 활동을 시작했다. 트랜지션(transition)이란 '이행'이라는 뜻으로, 석유에 의존해 온 사회에서 필요 최소한의 에너지만으로 쾌적하고 건강하게 살아가는 사회로 이행하는 것이 목표다.

혼자서는 어려운 일이라도 지역 주민들이 힘을 모은다면 실현 가능한 일의 범위가 확대된다. 주민들이 돈을 추렴해서 재생 가능한 에너지 발전소를 세운다거나, 자투리땅에 농작물을 재배하기도 하고, 지역 화폐를 유통시키고 주민들이 함께 채소가게나 빵집을 운영해 지역 경제를 활성화시킬 수도 있다. 사라져가는 공동체의 연대를 되찾는 일도 이 활동의 중요한 목적 중 하나다.

지금 이 시도는 50개국 이상 1,000곳 넘는 지역으로 퍼져 지역 사회뿐 아니라 병원이나 학교, 회사 단위로 단체가 늘고 있다. 여러분이 지금 있는 장소에서 시작한다면 어디서부터 하겠는가?

Q7 이산화탄소의 증가가 바다에 미치는 영향은?

1. 해양 산성화
2. 엘니뇨 현상
3. 해저 화산의 활성화

*정답은 121쪽

다리에 쥐가 난다?

아 니거든요.

★더 알고 싶어!   Transition Network
https://transitionnetwork.org (영어)

13 CLIMATE ACTION

미래를 바꾼 아이디어
《다이베스트먼트》

거래 계좌를 바꿈으로써
은행에 의사를 전달하다

350.org 재팬 회원들이 시부야 번화가나 은행 앞 등에서 시위를 하며 다이베스트먼트 캠페인을 알리고 있다. (촬영 협조: 마마데모) ⓒ350.org Japan

적은 돈이 쌓여 사회를 움직이다

여러분이 은행에 맡긴 돈이 만약 윤리에 어긋나는 사업이나 기후 변화를 촉진하는 사업을 하는 회사에 출자되었다면 어떤 생각이 들겠는가?

미국 NGO 350.org*가 세상을 향해 호소하는 다이베스트먼트 캠페인은 거래 은행을 바꾸거나 주식 등의 투자처의 재검토를 촉구하는 활동이다. 다이베스트먼트(divestment)는 인베스트먼트(investment, 투자)의 반의어다. 이 활동은 아주 간단하다. 기후 변화를 촉진하는 사업에 투자하는 은행에서 예금을 인출해 그렇지 않은 다른 은행으로 옮기는 것이다.

이러한 행동은 대형 은행에 시민의 목소리를 전달하는 데 효과가 있다. 혼자서는 100만 원이지만 100만 명이 모이면 1조 원. 참가하는 사람의 수가 많으면 많을수록 막대한 자본이 된다. 2012년에 시작된 이 캠페인은 기업과 투자기관도 참여하면서 이미 6조 달러 규모의 돈이 움직이는 거대한 운동이 되었다.

이 운동이 결실을 보아 오스트리아에서는 4대 은행이 파리 협정을 준수하는 데 투자와 융자를 하기로 발표했다. 미국 캘리포니아에서는 주 직원 퇴직 연금 등 거액의 자금을 운용하는 기금으로 석탄 발전이나 핵무기 개발 사업에 출자한 것을 철회하겠다는 뉴스도 들려오고 있다. 우리의 돈이 더 좋은 미래를 위해 쓰이게 하려면 또 어떤 아이디어가 있을까?

A7 1. 해양 산성화

이산화탄소가 급증해 바다에 더 많이 녹아들면 해수의 산성도가 오른다. 바다의 산성도가 높아지면 탄산칼슘으로 껍데기나 골격을 만드는 생물들은 더는 껍데기나 골격을 만들지 못한다. 이산화탄소가 급격히 증가하면 기후 변화뿐 아니라 바다 생태계까지 크게 훼손하는 것이다.

★더 알고 싶어! 350.org
https://world.350.org (영어)

생물학적으로 지속가능한 수준 범위에 있는 어종 자원의 비율

1974년

90%

2013년

69%

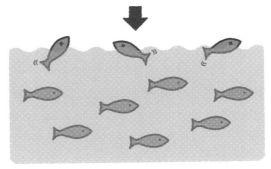

출처 : The State World Fisheries and Aquaculture 2016 (FAO)

전 바다를 정말 좋아해서 꼭 지키고 싶어요.

그럼, 어떻게 해야 할지 생각해 보자.

인간은 아주 먼 옛날부터 바다의 혜택을 이용해 생명을 이어 왔다. 그러나 오늘날 인간의 경제 활동이 바다 환경을 크게 변화시키고 있다. 이대로 가다가는 지금처럼 바다의 혜택을 누리며 살아가는 일이 불가능해질 수도 있다.

큰 문제는 두 가지다. 하나는 인간이 배출하는 대량의 쓰레기와 생활폐수가 바다를 오염시켜 바다 생물들에게 고통을 주고 있다는 사실이다. 바다에서 일어난 이변은 돌고 돌아 결국 인간의 생활에도 악영향을 미친다.

또 하나는 어업 방식이다. 지금처럼 대규모로 물고기를 계속 잡아들인다면 언젠가는 어획이 불가능할 만큼 그 수가 감소할 것으로 보인다. 그렇다고 해서 엄격한 규제만 한다면 어업에 의존하는 개발도상국들은 살아가기 힘들다. 어업 선진 대국들이 연구를 추진해 지속가능한 어업 방식을 제안하는 등 어업 의존도가 큰 개발도상국들을 지원할 필요가 있다. 식습관, 바다와 공존하는 법에 대해 생각해 보는 일도 중요하다.

생각해 보기

바다를 오염시키는 원인에는 여러 가지가 있다. 예컨대 좌초된 유조선에서 원유가 유출돼 주변 생태계를 파괴하는 사고는 끊이지 않고 있다. 그 외에도 평소 우리 생활과 밀접한 것들도 오염의 원인이 된다. 어떠한 것이 더 있을까?

14 LIFE BELOW WATER

미래를 바꾼 아이디어
《오션 클린업》

바다를 오염시키는 쓰레기를
거대한 장벽으로 회수하다

개발 중인 '부표' 앞에 선 보얀 슬랫. 해양 쓰레기가 모이는 '태평양 쓰레기 벨트'에서 5년 안에 50%
의 쓰레기를 회수할 수 있다고 한다. ©The Ocean CleanUp

해류와 바람을 이용해 쓰레기를 모으다

해안을 거닐면 기분이 상쾌하다. 그런데 아름다운 해변에 페트병이나 비닐 같은 쓰레기가 여기저기 널린 모습이 보일 때가 있다. 어디선가 폐기된 플라스틱 쓰레기가 바다를 표류하다 떠밀려 온 것이다.

바다에는 연간 1,200만 톤의 쓰레기가 유출된다는 계산도 있다. 새나 물고기가 먹이로 오인해 먹고 죽거나 잘게 분해된 플라스틱 쓰레기를 플랑크톤이 먹고 결국에는 인간의 입속으로 들어갈 가능성도 있다.

그러한 해양 쓰레기를 처리하고자 2012년 네덜란드의 고등학생 보얀 슬랫(Boyan Slat)이 **오션 클린업**＊ 작전을 발표했다. 바람과 해류의 영향으로 쓰레기가 특정 장소에 모이는 것에서 착안했다. 부표를 거대한 브이(V)자 모양 장벽으로 만들면 쓰레기가 해류를 타고 저절로 V자 중앙으로 모이게 되는데 그 쓰레기를 정기적으로 회수하면 되는 것이다. 2014년 과학자와 기술자로 이뤄진 프로젝트팀을 발족하여 2018년 샌프란시스코 만에 첫 장벽을 설치했다.

이 모든 것은 슬랫이 가족 여행으로 방문한 그리스 해안의 쓰레기에 큰 충격을 받은 일에서 시작되었다. 우리 주변에는 해결해야 할 과제가 많다. 그 과제를 깨닫는다면 세상을 바꿀 아이디어가 떠오를지 모른다. 그냥 지나치지 않도록 하자.

CG로 만든 완성 이미지 ⓒThe Ocean Cleanup

★더 알고 싶어!   The Ocean Cleanup
https://www.theoceancleanup.com (영어)

미래를 바꾼 아이디어
《미나미산리쿠 굴》

지진을 계기로
지속가능한 양식업으로 전환하다

굴을 수확하러 가는 고토 기요히로 씨. 이 어부의
호소가 모든 것의 출발점이었다.
©Masahiro Kawatei

'생산'과 '자연'의 부흥을 동시에 실현하다

2011년 동일본 대지진은 미야기 현 미나미산리쿠의 도구라 지구에서 오랫동안 해온 굴 양식업에도 큰 타격을 입혔다. 양식에 쓰이는 뗏목 등 필요한 설비와 도구들이 지진해일에 떠내려가 폐업 직전까지 내몰린 것이다.

대지진 후 도구라 지구의 굴 양식업자들은 한 가지 큰 결단을 내렸다. 양식업은 바다에 양식장을 설치하기 때문에 바다 환경에 악영향을 주는 문제가 있는데 어차피 처음부터 다시 시작할 거라면 기존 양식업으로 돌아갈 것이 아니라 되도록 자연에 부담을 주지 않는 양식업을 하자!

그리하여 뗏목의 수를 3분의 1로 줄이는 등 지속가능한 굴 양식을 실현하기에 이르렀다. 개선된 환경에서 모든 굴에 영양과 산소가 골고루 공급되자 기존의 절반도 안 되는 기간에 출하 가능한 크기로 자랐다. 이 **미나미산리쿠 굴***은 환경과 사회를 배려한 양식업을 인증하는 '바다의 에코 라벨'인 ASC 국제인증을 일본 최초로 받았다. 뗏목의 수를 줄이면서 굴 한 알 한 알 정성을 쏟게 되고, 일하는 방식도 달라져 가족과 보내는 시간도 생겼다고 한다.

지진 피해라는 큰 불행을 지속가능한 방향으로 전환하는 기회로 삼은 어부 고토 기요히로. 무언가를 잃었을 때 그것을 되찾을 것인가, 새로운 것을 구축할 것인가? 후자를 선택함으로써 미래를 바꾸는 일도 있다.

바다의 영양을 듬뿍 머금고 큼직하게 자란 '미나미산리쿠 굴' ⓒMasahiro Kawatei

★더 알고 싶어! WWF 재팬 활동 토픽 기사
https://www.wwf.or.jp/activities/2016/03/1311630.html (일본어)

멸종 위기 생물종의 비율

소철류 63%

양서류 42%

조초산호류 33%

침엽수 34%

포유류 26%

조류 13%

출처 : IUCN 멸종위기종 적색 목록(IUCN: International Union for Conservation of Nature and Natural Resources, 2017)

감소했다곤 하지만 아직 많이 있잖아?

아니, 공룡이 감소할 때보다 더 빨리 멸종하고 있다는 설도 있어.

헐~~~~

아무리 자연이 적은 도시에 산다 해도, 황량한 사막지대에 산다 해도, 인간의 삶은 모두 삼림과 산지, 습지, 강과 호수 그리고 다양한 생물들이 지탱하고 있다. 그런데 산업이 발달함에 따라 이러한 자연이 사라지고 있다. 지구상의 빈곤과 기아를 없애기 위해 개발은 중요하지만, 그 때문에 우리의 생명을 지탱하는 자연환경이 파괴돼 사라진다면 앞으로 인간은 생존할 수 없다. 욕심이 지나치면 이익은커녕 전부 다 잃는 법이다.

인간을 포함한 생물이 이 지구에서 오랫동안 살아가기 위해서는 자연환경과 생물의 다양성을 지켜야 한다. 그렇다고 해서 모든 개발을 멈추고 원시 상태의 자연으로 되돌리자는 말은 아니다. 인간은 지금까지 자연의 혜택을 이용하며 살아왔기에 앞으로도 오랫동안 그 혜택을 누릴 수 있는 길을 찾아야 한다. 숲이나 산의 나무를 베었다면 나무를 심고, 희소한 야생동물의 매매를 금지하는 등 우리가 할 수 있는 일은 많다.

생각해 보기

인간을 비롯한 모든 생물에게 숲과 강 같은 자연환경은 분명 중요하다. 하지만 '인간에게 필요한 생물 종만 보호하면 되지 않을까?'라는 생각이 들기도 한다. 생물의 '다양성'은 왜 필요할까?

미래를 바꾼 아이디어
《생물 다양성 핫스팟》

'어디부터 시작할지'를 정해
힘을 결집하다

핫스팟 중 하나인 마다가스카르에만 서식하는 고유종
흑백목도리여우원숭이.
ⓒConservation International /photo by Trond Larsen

우선순위를 정해 자금과 인력을 효율적으로 활용

'자연을 보호하자'는 포스터를 보면 어떤 생각이 드는가? 새삼 '자연은 소중해', '그럼, 반드시 보호해야지' 하고 느끼는 사람도 많겠지만 현실에서 우리는 자연 파괴를 좀처럼 멈추지 못한다.

자연 파괴는 전 세계로 퍼지고 있다. '뭔가 하고 싶지만 어디서부터 손을 대야 할지 모르겠다'는 사람도 많다. 각자 따로따로 활동을 시작하면 효과는 보기 어렵다.

그래서 사람들의 힘을 집중시키기 위해 목표 범위를 좁힌 것이 국제 NGO인 **컨서베이션 인터내셔널***이다. 다양한 생물이 서식하지만, 자연이 급격히 파괴되는 지역을 우선 선택해 보호해야 할 곳으로 지정했다. 이름하여 '생물 다양성 핫스팟(Hot-Spot)'. 이를테면 고유종(그 지역에만 사는 생물)의 보고 마다가스카르, 열대우림이 펼쳐진 순다랜드 등이다. 일본 열도도 그중 하나다.

생물 다양성 핫스팟이 정해지면 국제기관은 우선적으로 그곳에 자금과 인력을 투입해 환경 보전 활동을 추진한다. 덕분에 활동 효율은 급격히 상승했다. 모든 사람의 힘을 모으려면 먼저 '어디서부터 시작할까?'를 묻고 정하면 된다. 막연히 '그랬으면 좋겠다'고 생각한 일이 반드시 실현될 것이다.

현재까지 전 세계에 36개의 핫스팟이 정해졌다.(컨서베이션 인터내셔널이 제공한 지도를 재가공)

★더 알고 싶어!　일반사단법인 Conservation International
https://www.conservation.org (영어)

15 LIFE ON LAND

미래를 바꾼 아이디어
《열대림 감시 시스템》

인공위성으로
불법 벌채를 찾아내다

2016년에 쏘아 올린 지구 관측 위성 '다이치2호' ⓒJAXA

밤이나 우기에도 새의 눈으로 지구를 지키다

열대림의 불법 벌채는 심각한 문제다. 몰래 기름야자나 고무 플랜테이션을 짓거나 목재를 베어가는 사람이 끊이지 않기 때문에 열대림은 계속 줄어들고 있다. 어떻게든 막아야 한다. 하지만 그 넓은 정글을 구석구석 감시하기란 도지히 불가능하다. 대체 어떻게 하면 좋을까?

여기저기 돌아다니며 범법자를 찾는 '벌레의 눈 작전'이 아니라 '새의 눈 작전'으로 문제 해결에 나선 곳이 일본 우주항공연구개발기구(JAXA)와 일본 국제협력기구(JICA)다. 이 두 기관이 손을 잡고 위성 '다이치2호'에 탑재된 관측 장치 'PALSAR-2'로 우주에서 열대림을 관측하는 시스템을 구축했다.

이 장치는 지면에 전파를 쏘아 반사되는 파장을 수신해 정보를 얻는다. 햇빛이 필요하지 않아 밤에도 관측할 수 있다. 또 우기에도 감시할 수 있다. 'PALSAR-2'는 구름을 투과하는 성질이 있는 전파 파장을 이용하기 때문에 열대림이 비구름으로 덮여 있어도 지표를 관측하는 데 아무 문제가 없다.

구름을 투과하는 이 위성 기술을 이용하면 지구의 여러 장소를 관측할 수 있다. 위성을 이용해 이 밖에 어떤 문제를 해결할 수 있을까? '새의 눈'으로 찾아보자.

브라질에서 실시한 프로젝트에서 발견한 벌채지 ⓒJICA

★더 알고 싶어! 열대림 조기 경계 시스템(JJ-FAST)
https://www.eorc.jaxa.jp/jjfast/ (영어)

SDGs를 밑에서 떠받치는 자연자본

아다치 나오키(足立直樹) ●서스테이너블 비즈니스, 프로듀서

흔히 보는 SDGs의 그림은 17개의 목표가 벽돌을 깔아놓은 듯 나열돼 있어서 각각 독립된 주제처럼 서로 관련이 없어 보인다. 그러나 잘 생각해 보면 깊은 관련성이 있다. 예컨대 모든 사람이 적정한 가격의 깨끗한 에너지를 공급받을 수 있게 되는 일(목표7)은 기후 변화를 완화하는 일(목표13)로도 직결된다. 또 모든 사람이 양질의 교육을 받을 수 있도록(목표4) 하기 위해서는 성평등을 달성하는 일(목표5)이 무엇보다 크게 이바지할 것이다. 이처럼 상호 관계성을 생각해 보면 17개의 목표는 순서대로 나열한 것이라기보다는 좀 더 동적인 관계라 볼 수 있다. 사실 17개의 목표를 '경제', '사회', '환경'으로 나눠 정리하면 전체 구도를 쉽게 파악할 수 있다. 오른쪽 그림을 살펴보자. 경제, 사회, 환경 묶음이 그림과 같은 순서로 케이크처럼 층층이 포개져 있다. 이 그림을 보면 목표들의 상호 관계성이 뚜렷이 보인다.

가장 위에 있는 경제 관련 목표는 개발도상국뿐 아니라 어느 정도 경제가 발전한 선진국에서도 꼭 실현해야 할 목표다. 그러나 지속적인 경제발전을 하기 위해서는 사회가 먼저 지속가능해야만 한다. 사람들이 매일 끼니를 해결하는 것조차 어려운 사회나 전쟁과 폭력이 끊이지 않는 사회라면 경제가 순조로이 발전할 리 없다. 대다수 사람이 건강하지 못하거나, 교육을 받기 힘들거나, 여성이 제 능력을 발휘할 수 없는 사회. 그런 사회에서 경제가 발전할 수 있을까? 그렇지 않다는 사실을 이 그림이 보여주고 있다.

그리고 더 주목해야 할 부분은 지속가능한 사회를 실현하는 목표의 기반이

환경 관련 목표라는 점이다. 즉, 기후 변화를 억제하고 그 변화에 적응하는 일
(목표13), 물의 순환이 유지돼 누구나 깨끗하고 안전한 물을 공급받는 일(물론
인간 이외의 생물도 포함!)(목표6), 그리고 해양 자원(목표14)과 육상의 생물 다양
성 그리고 생태계(목표15)를 보호하는 일, 이 모두가 뒷받침되어야만 비로소
사회도 지속가능해진다.

　이는 우리가 무엇을 먹고 살아가는지 생각해 보면 금세 알 수 있다. 우리 인
간을 포함한 모든 생물은 다른 생물을 먹고 살아간다. 그리고 생물이 살아가
기 위해서는 당연히 물이 필요하다. 즉, 수중과 육상의 다양한 생물이 서로 서
로의 생명과 생활을 지탱하고 있으며, 그것이 사회를 유지하고 발전시키는 토
대가 되는 것이다. 따라서 SDGs의 17개 목표 중에서도 환경과 관련된 이 네
가지 목표는 가장 아래에서 다른 목표를 떠받치고 있다고 할 수 있다. 생물과
생태계의 이러한 기능에 주목해 최근에는 이를 '자연자본'이라고 부르기도 한
다. 지구상의 생물과 그 생물들이 형성하는 생태계는 지구가 지속되는 것을
지탱하는 가장 중요한 자본이다.

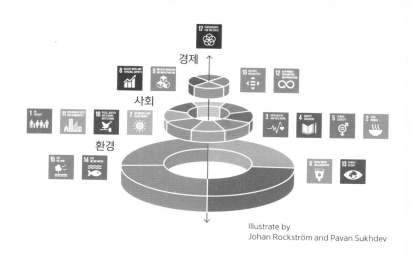

Illustrate by
Johan Rockström and Pavan Sukhdev

사회적 사명을 갖는 일이
기업의 장점이 되는 시대

다세 가즈오(田瀬和夫) ●SDG파트너즈 대표이사 CEO

기업은 돈을 벌기 위해 존재하는 것으로 생각하기 쉽지만, 그렇지만은 않다. 세상의 많은 회사가 수익을 내는 동시에 사회에 도움이 되기 위해 존재한다. 건설회사는 사람들에게 주거지와 근무지를 제공한다. 식품회사는 사람들이 원하는 음식을 상품화하고 농가가 농업을 지속하도록 돕는다. 은행은 사람들이 저축해서 다음 세대 아이들의 교육에 돈을 투자하도록 돕는다. 그리고 기업이 수익을 내면 경기가 좋아지고, 그것이 정부 세수에 반영돼 공공정책 및 사업을 시행함으로써 삶의 질이 향상된다. 즉, 기업은 현대사회에서는 없어서는 안 될 존재인 셈이다.

반면 오로지 이윤 추구가 목적인 기업은 사회에 막대한 피해를 주는 존재가 될 수 있다. 이를테면 일본에서도 1960, 70년대에는 공해가 큰 사회 문제였는데, 이는 기업이 돈을 버는 데 혈안이 된 나머지 사회에 미칠 악영향을 일부러 무시한 결과였다.

1990년대에는 세계적인 스포츠용품 회사가 파키스탄 등 개발도상국에서 아동들을 착취해 만든 축구공을 판매한 사실이 드러나 거센 비난을 받았다. 어린아이들이 일해야 한다는 것은 그 아이들은 학교에 갈 수 없고 결국 교육을 받지 못해 평생 착취의 대상이 된다는 뜻이다. 세계적인 기업의 이익 추구가 아이들의 미래에 피해를 줄 뿐 아니라 그 나라의 미래에도 악영향을 줄 가능성이 있다.

SDGs를 달성하고자 하는 오늘날에는 예전보다 기업의 책임이 더 명확해졌으며, 기업의 역할에 대한 기대 역시 커지고 있다. 가령 지구 온난화를 방지하기 위해서는 막대한 화석 연료를 사용하는 기업이 제대로 책임지지 않는다면 실현의 길은 요원해진다. 또 성평등을 달성하기 위해서는 여성이 직장에서 활약할 수 있는 환경과 제도를 만들어야 한다. 그러기 위해서는 기업 경영자가 SDGs의 실현에 적극 동참할 필요가 있다.

　　이를테면 화석 연료를 사용하지 않는 방식으로 제품을 만들거나 전기자동차를 개발하는 일은 환경 보호에 기여할 뿐 아니라 최종적으로는 기업에도 큰 기회와 이익으로 이어진다. 그리고 여성이 능력을 발휘할 수 있는 사회는 노동 생산성이 높다는 사실이 증명되고 있다. SDGs의 목표인 성평등을 이룸으로써 수익률이 더 높은 회사가 될 수 있는 셈이다.

　　이를 위해서는 기업에서 일하는 사람들, 특히 경영을 담당하는 사람들이 SDGs에 대해 충분히 이해해야 한다. 단순히 유엔이 채택한 국제사회의 약속이라서가 아니라 다음 세대에 어떤 사회를 물려주고 싶은가, 그러기 위해서는 2030년까지 기업은 어떤 기여를 할 수 있는가, 그런 고민은 기업의 존재와 존속에 어떤 의미인가, 이러한 것들을 미래에 대한 전망을 살펴보고 함께 생각할 필요가 있다.

　　현재 중고생들은 2030년에는 사회인이 돼서 직장에 다니는 사람들이 많을 것이다. 그때 몸담고 활약하게 될 기업에 명확한 사회적 사명이 있다는 것은 사회를 위해서는 물론 개인 한 사람 한 사람의 인생을 위해서도 매우 중요하다. 과거와 현재와 미래는 연결되어 있다. 기업이 사회와 개인을 연결하는 역할을 제대로 하면 우리 사회가 몇 세대에 걸쳐 지속가능한 세상이 될 가능성도 매우 커진다고 할 수 있다.

SDGs 달성을 위한 강력한 도구,
우리의 돈

가와구치 마리코(河口眞理子) ●주식회사 다이와 종합연구소 조사본부 수석연구원

1,809조 엔(약 19,808조 원), 이는 일본인이 보유한 금융 자산의 총액이다. 일본의 2018년 국가 예산은 97조 7,128억 엔(약 1,070조 원). 이것으로 사회보장과 교육, 방위, 공공사업 등 나라 살림을 꾸려가는데, 국민이 보유한 금융 자산은 이 금액의 18배가 넘는다.

장래 학비나 생활을 위해 꼭 필요한 금융 자산을 잘 운용해서 불리고 싶은 것이 대다수의 생각이다. 그 금융 자산이 돌고 돌아서 SDGs 달성의 결정적 수단이 될 수도 있다. 금융 자산은 돈을 맡긴 금융기관의 금고에서 그대로 보관되어 있는 것이 아니라 경제를 돌아가게 하는 윤활유로서 사회에서 일을 하고 있다. 예금에 이자가 붙고, 주식 투자에서 배당 수익을 받고, 생명보험사에서 보험금을 받을 수 있는 것은 은행이나 투자 기업, 보험회사가 그 돈을 기업이나 사업에 융자나 투자를 해서 돈에 '일을 시키기' 때문이다.

은행은 고객이 맡긴 예금을 기업에 빌려준다. 보험회사가 모은 돈이나 연금기금은 주식이나 채권으로 운용되고 있다. 주식을 사면 그 기업의 주주로서 경영의 책임을 일부 떠맡게 된다. 국채나 회사채 등 채권에 투자하면 국가나 기업의 사업에 그 돈이 활용된다. 전문가가 운용하는 투자신탁이라는 금융 상품도 있다. 이처럼 우리가 맡긴 돈은 그 돈을 운용하는 전문기관을 통해 회사에서 일하는 셈이다. 그렇다면 그것이 SDGs와 무슨 관련이 있을까?

빈곤 해결에 도움이 되는 공정무역 초콜릿 회사와 값싼 일반 초콜릿 회사

가 있다. 값싼 초콜릿이 잘 팔려 이윤이 난다며 일반 초콜릿 회사에 융자나 투자를 집중한다면 공정무역 사업은 지속되기 어려울 것이다. 이로 인해 개발도상국은 카카오를 생산할 여력조차 없는 상황에 빠질지 모른다. 또 값싼 수입재와 비싼 국산재를 예로 들어보자. 값싼 수입재를 사용한 주택과 가구, 종이는 가격 면에서는 경쟁력이 있을 수 있다. 은행이 그 점을 평가해서 사업을 확장하는 데 돈을 빌려주고 투자자가 대량으로 주식 투자를 하면 개발도상국의 목재회사는 벌채를 더 많이 할 것이다. 그러다 보면 삼림이 사라져 생태계가 파괴돼 그 지역 주민들이 더는 살아갈 수 없다. 결국 값싼 목재를 입수할 수 없게 되고 그 사업 역시 불가능해진다.

그러나 은행이나 투자자가 공정무역 초콜릿을 취급하는 기업이나 국산재를 사용하는 기업에 힘을 보탠다면? 당장은 큰 이득이 없을지 모른다. 하지만 긴 안목으로 보면 그러한 사업은 지역에서도 중요한 위치를 차지하며, 지역 생태계를 보호하고 삶의 질을 향상하는 데 공헌한다. 즉, SDGs의 달성에 기여하는 것이다. 최근 이러한 투자를 ESG 투자라고 한다(148쪽).

이 두 가지 상반된 결과는 은행이나 투자자가 어떤 사업에 돈을 투자하는 가에 따라 결정된다. 일반 개인이 그러한 투자에 관여하는 일은 불가능해 보인다. 연금이든 생명보험이든 큰돈의 출처는 앞서 언급한 우리의 금융 자산이다. 거래 은행은 그 은행의 융자 방침이 어떠한지 알아본 뒤 선택한다. 기업에 투자할 때는 수익뿐 아니라 사회성과 수익성을 동시에 달성할 수 있는지를 판단 기준으로 삼는다. 연금기금은 우리의 돈이라는 의식을 갖고 SDGs를 달성하도록 운용할 것을 요구하자. 생명보험에 가입한다면 사망이나 상해로 나오는 보험금 액수만 따지지 말고 SDGs 달성에 도움이 되는 운용을 하는지 문의하자. 그래서 내가 투자한 돈이 환경 대책에 사용되고 이자로 돌아오게 하자. 단순히 수익만 내는 것이 아니라 사회도 더 나아진다. 그러한 금융기관의 증가는 SDGs 활동을 뒷받침하는 일로 이어진다.

세계 주요 분쟁 지역
※21세기 이후

아체 독립운동, 아프가니스탄 내전, 예맨 내전, 이라크 전쟁, 우크라이나 분쟁, 북아일랜드 분쟁, 콜롬비아 반정부 운동, 콩고 분쟁, 샤리아 분쟁, 조지아(구 그루지아) 분쟁, 시리아 내전, 스리랑카 내전, 소말리아 내전, 다르푸르 분쟁, 체첸 분쟁, 중앙아프리카 내전, 서사하라 분쟁, 팔레스타인 분쟁, 동티모르 분쟁, 남수단 내전, 미얀마 분쟁 외

작성 협력 : JICA 지구광장　참고 : 《최신판 그림 해설　쉽게 배우는 세계 분쟁》 시리즈(마이니치신문사)

분쟁만이 아니야 테러와 탄압도 있지. 남의 일이 아니란다.

어디서 태어나느냐로 운명이 갈린다는 건 참 잔인한 일이네요….

분쟁이나 테러리즘, 개인이나 집단에 의한 폭력으로 목숨을 잃는 사람, 재산을 빼앗기는 사람들이 끊이지 않고 있다. 소년병으로 분쟁에 휘말리는 아이들이나 폭력을 당해도 법에 호소할 수 없는 사람, 재판도 없이 투옥되는 사람도 많다.

목표16은 폭력과 학대가 없는 평화로운 사회, 누구나 법의 보호를 받는 사회를 만들자는 것이다.

개발도상국에서 태어난 아이들의 약 절반이 출생 등록이 안 된 채 교육과 의료 등 그 나라의 국민으로서 기본적으로 받아야 할 혜택에서 제외되는 것도 큰 문제다. 또 개발도상국은 물론 선진국도 부패 없는 정치, 나이·성별·장애 유무와 상관없이 누구나 정치에 참여할 수 있는 제도, 국민의 '알 권리'와 언론의 자유는 아직 충분히 정착됐다고 보기 힘들다. 모든 사람을 보호하는 법률과 정치 체제, 공적 제도를 만들어가는 일이 필요하다.

생각해 보기

이 목표에서는 '어떤 형태의 폭력이든 대폭 줄이는 것'을 지향한다. 폭력이란 무기로 사람을 다치게 하거나 때리고 걷어차는, 누구나 폭력으로 인식하는 행위만이 아니다. 눈에 보이지 않는 폭력, 겉으로 드러나지 않는 폭력에는 어떤 것이 있을까?

16 PEACE, JUSTICE AND STRONG INSTITUTIONS

미래를 바꾼 아이디어
《무장해제 광고》

광고 캠페인으로
게릴라 투항을 촉구하다

게릴라군의 어머니에게서 빌려온 사진에 '게릴라가 되기 전, 당신은 나의 아들(딸)이었다'라는 문구를 쓴 포스터. 여러 장소에 붙여 고향으로 돌아가기를 촉구했다. ©MULLENLOWE SSP3

크리스마스 작전으로 게릴라군의 마음을 녹이다

2017년 8월 15일, 반세기에 걸쳐 지속된 남미 콜롬비아 내전이 드디어 종지부를 찍었다. 그동안 무차별 테러와 폭격으로 희생된 사람은 22만 명에 이른다. 강제로 끌려가 게릴라가 된 아이들도 상당히 많다. 이 비극을 끝내게 된 계기는 미사일도 화학무기도 아닌 '광고'였다.

아이디어 고안자는 콜롬비아의 광고 기획자 호세 미겔 소콜로프(José Miguel Sokoloff)다. 그는 크리스마스 때마다 게릴라군을 향해 광고 캠페인을 펼쳤다. 우선 정글 나무를 반짝이는 LED 전구로 장식하고 현수막을 내걸었다. "정글에 크리스마스가 찾아온다면 당신도 집에 돌아갈 수 있어요." 또 다른 크리스마스에는 선물을 넣은 캡슐을 정글 강물에 흘려보냈다. 게릴라군의 어릴 적 사진을 찾아내 어머니의 메시지와 함께 뿌리기도 했다. 최종적으로 게릴라 1만 8,000명이 정글에서 투항했다.

소콜로프는 '병사가 아닌 인간으로서 한 사람 한 사람에게 호소해야 한다'는 신념이 투철했고, 그 밖에도 여러 캠페인을 전개했다.

소통이라는 무기가 있다면 전 세계에서 발생하는 무력 분쟁이나 대립을 해결할 수 있을지도 모른다. 평화를 위해 여러분은 어떤 캠페인을 펼칠 것인가?

목표16에서 궁금한 단어 PVE

세계 각지에서 일어나는 테러에 대해 조직의 거점을 폭격하는 등의 실력 행사로는 근본 원인을 제거할 수 없다. 테러 조직에 가담하는 사람이나 가담할 우려가 있는 사람들에 대한 교육, 젊은이들 간의 교류, 광고, SNS 등을 통한 '인간으로서의 대응'이 필요하다. 이러한 대처법을 폭력적 극단주의 예방(Preventing Violent Extremism)이라고 한다.

미래를 바꾼 아이디어
《유네스코 MGIEP》

젊은이들의 '평화를 향한 열망'을 이끌어내는 교육

교육을 통해 폭력적 극단주의 예방을 실현하고자 하는 목소리를 가이드북 형태로 만들었다.

대화하고 SNS로 전하는 창조적 평화 교육

생명에 위협을 느끼거나 스스로 총을 들고 싸우는 일은 일상과는 거리가 먼 이야기처럼 들린다. 하지만 이 세상에는 전쟁과 폭력이 만연한 곳에서 평화를 모른 채 자라는 아이들이 상당히 많다. 안심하고 살아갈 수 없는 환경에서 지속가능한 개발 따위는 애초에 불가능한 이야기다.

"전쟁은 인간의 마음에서 생기는 것이므로 평화의 방벽을 세워야 할 곳도 인간의 마음이다"라는 문구로 시작하는 헌장과 함께 평화 교육을 추진해 온 유네스코는 2012년 인도 정부와 손을 잡고 비폭력 사상의 상징 마하트마 간디의 이름을 딴 MGIEP**를 발족했다. 교육을 통해 평화로운 사회를 구축하고 세계 시민(global citizenship)을 양성하고자 IT를 활용하는 등 다양한 현대적 접근을 시도하고 있다.

2017년에는 과거 폭력적 극단주의의 영향을 받은 사람들의 목소리를 중심으로, 젊은이들을 위한 평화 가이드북 〈#Youth Waging Peace〉를 만들어 SNS로 알리기 시작했다. 이 프로젝트는 2016년에 열린 토론회에 참가한 젊은이들의 제안으로 시작됐다. 세계 50개국이 넘는 나라에서 2,000명 이상의 젊은이가 그들의 경험을 공유하고 평화를 위한 아이디어를 모았다. 교육은 평화를 실현하는 데 무한한 잠재력을 지니고 있다.

*Mahatma Gandhi Institute of Education for Peace and Sustainable Development
(마하트마 간디 평화지속가능개발교육원)

프로젝트를 시작하는 계기가 된 2016년 유네스코 국제회의 토론회 ©UNESCO MGIEP

★더 알고 싶어!   UNESCO MGIEP
http://www.mgiep.unesco.org (영어)

목표1에서 16까지는 각 나라의 노력으로 실현 가능한 것도 있지만, 대부분은 선진국이 개발도상국을 지원하거나 선진국과 개발도상국이 함께 대처해야만 그나마 실현 가능성이 있는 어려운 문제들이다. 목표17에서는 그러한 협력 관계를 더 밀접하게, 더 견고하게 만들어 현실을 움직이고자 한다.

개발도상국에 대한 선진국의 자금과 기술 지원은 가장 중요한 협력 중 하나다. 이러한 지원은 개발도상국을 위해서만이 아니라 선진국을 포함한 전 세계가 지속 가능하고 평화로운 사회가 되기 위해서 필요하다.

협력 관계는 국가와 국가 사이에서만 맺는 것은 아니다. 전 세계 기업이나 개인, 소비자, 투자자, 연구자, NPO, 지원하는 측과 지원받는 측 등 다양한 관계자가 다양한 나라에서 대등하게 참여함으로써 무엇을 지향해야 하는지, 무엇을 해야 하는지, 무엇을 할 수 있는지가 명확해진다. 그것이 바로 사회를 변화시키는 강력한 힘이 된다.

생각해 보기

SDGs를 달성하기 위해서는 다양한 입장의 사람들이 참여해 서로 힘을 보태야 한다. 바꿔 말하면, 젊은이나 아이들도 참여할 수 있다는 말이다. 어떤 행동으로 이바지할 수 있을지 생각해 보자.

미래를 바꾼 아이디어
《ESG 투자》

사회 문제 해결에
기여하는 회사와 투자자를 연결하다

ESG 투자 개념도

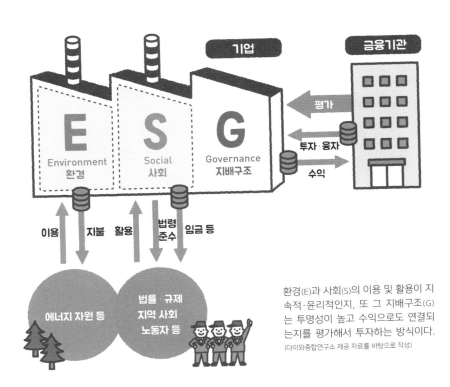

환경(E)과 사회(S)의 이용 및 활용이 지속적·윤리적인지, 또 그 지배구조(G)는 투명성이 높고 수익으로도 연결되는지를 평가해서 투자하는 방식이다.

(다이와종합연구소 제공 자료를 바탕으로 작성)

돈의 흐름을 바꿔 사회를 바꾸다

투자자는 '좋은 회사'에 투자하고 싶다. 투자금이 모여 그 회사가 발전한다면 그만큼 많은 수익을 기대할 수 있기 때문이다. 그렇다면 어떤 회사를 '좋은 회사'라고 판단할까? 매출이나 수익 같은 실적뿐 아니라 환경이나 인권 문제에 기여하고 사회적 가치를 창출하는 회사가 좋은 회사다. 그리고 좋은 회사에 투자하는 것을 'ESG 투자'라 한다.

ESG란 환경(Environment), 사회(Social), 지배구조(Governance)의 머리글자를 조합한 단어다. 2006년 유엔이 **책임투자원칙***을 발표하고, 은행 같은 거액 투자자에게 ESG를 고려한 투자를 요청하면서 전 세계적으로 ESG 투자가 활발해졌다.

이를테면 지구 온난화 대책에 기여하거나 여성 직원들이 활약하는 회사를 '좋은 회사'라고 판단해 투자하고 지지한다. 반대로 사회·환경 문제에 소극적인 회사는 긴 안목에서 성장을 기대할 수 없다고 판단해 투자를 삼간다. 이러한 행위가 널리 확산되면 사회에 이로운 회사가 투자를 받아 발전한다. 그리고 그것이 지속가능한 사회의 실현으로 이어진다. ESG라는 가치 기준으로 투자자와 회사가 연결됨으로써 돈의 흐름이 바뀌고 새로운 협력 관계가 탄생해 사회가 더 나은 방향으로 변화해 가는 것이다.

Q8 SDGs의 기본이념을 나타낸 슬로건은 무엇일까?

*정답은 151쪽

네~~~! 알아요!!

자 여러분,
이제 다 알죠?

★ 더 알고 싶어! 유엔 책임투자원칙(PRI: Principles for Responsible Investment)
https://www.unpri.org (영어)

미래를 바꾼 아이디어
《유엔과 요시모토흥업》

웃음의 힘으로
모두를 연결하다

'제9회 오키나와국제영화제'에서 유엔 홍보센터 소장 네모토 가오루와 탤런트 니시가와 기요시를 선두로 연예인들이 '웃음의 힘으로 다 함께 밝은 미래를 만들어가자'는 슬로건을 들고 거리 행진을 벌였다. ⓒ요시모토흥업주식회사

SDGs의 저변을 넓히기 위해 즐겁고 알기 쉽게

"요시모토와 유엔이 지구를 지키기 위해 콤비를 맺었다던데……?", "뭣이?!" 요시모토 소속 코미디언들이 등장하는 29개의 PR영상 〈SDGs에 대해 생각하기 시작한 사람들〉이 일본에서 화제다. 콤비로 활동하던 코미디언들이 그 틀을 벗어나 유엔 홍보센터의 협력하에 제작한 것이다.

SDGs는 조금 딱딱한 이미지가 있어서인지 친근하지 않다는 사람도 있다. 그래서 **요시모토흥업**＊은 유엔과 파트너십을 맺고 웃음의 힘으로 사람들에게 알리는 활동을 시작했다. 2017년 4월 오키나와에서 개최한 '오키나와 국제영화제'에서는 SDGs의 활동을 소개하는 단편 애니메이션을 상영했는데, 요시모토 소속 코미디언들이 영상에 목소리를 입혀 17개의 목표를 숫자풀이 노래처럼 소개하는 애니메이션이다. 탤런트 니시가와 기요시 등도 메시지가 적힌 팻말을 들고 레드카펫을 걸으며 SDGs를 홍보하기도 했다. 같은 해 8월 〈민와라 위크〉(민와라는 함께 웃는다는 뜻-옮긴이), 10월 교토국제영화제에서 〈SDGs-1 그랑프리〉를 개최해 17개 목표를 소재로 코미디언들이 즉흥 연기를 선보이며 누가 가장 메시지를 잘 전달하는지를 다퉜다.

젊은이들을 중심으로 폭넓은 세대가 공감할 수 있는 코미디 같은 엔터테인먼트의 힘을 빌린다면 더 많은 사람에게 알릴 수도 있다. 혹시 우리 주변에는 전달하고 싶은 메시지가 없는지 생각해 보자.

A8 no one will be left behind(누구도 소외되지 않는다)

선진국과 신흥국이 개발도상국을 방치하지 않는 것뿐 아니라 여성과 아동, 장애가 있거나 병든 사람, 성적·종교적 소수자, 선주민, 이주민, 난민 등 어느 나라에 살든 약자나 어려운 처지에 놓인 모든 사람에게 시선을 돌려 도움의 손길을 내밀자는 뜻이 담겨 있다.

폭력이 없는 세상으로

고야마 슈쿠코(小山淑子) ●와세다대학교 강사

여러분 중에 사람을 죽인 적이 있는가? 분쟁지역에서 자란 친구는 있는가? 필자에게는 그런 친구가 몇 명 있다. 이 칼럼에서는 그중 한 명인 엘런의 이야기를 소개하고자 한다. 엘런은 그의 가명이다.

엘런과 필자는 14년간 내전이 계속된 서아프리카의 라이베리아에서 만났다. 엘런은 중학교 때 집에 무장단체가 침입해 그녀를 가족 앞에서 집단 성폭행하고 부모를 그녀의 눈앞에서 살해했다. 간신히 도망친 이웃 나라에는 그녀처럼 끔찍한 일을 겪고 도망친 여성들이 많았다.

당시 라이베리아에서는 경찰도 군대도 제 기능을 하지 않아 일반 시민들은 아무런 보호를 받지 못했다. 엘런은 당시 여기저기 나돌던 자동소총을 들고 모국으로 돌아와 동료 여성들과 자경단을 조직해 강간이나 약탈하려는 자들을 위협하고 때로는 살해했다. 주민들을 보호하기 위해 지역 순찰도 시작했다. 엘런의 자경단에는 한때 3,000명이 넘는 여성들이 참여했다.

필자가 엘런을 만난 시기는 라이베리아가 부흥을 향해 조금씩 발을 내디딜 무렵이었다. 스물네 살이 된 엘런은 나를 집으로 초대했다. 촛불 밑에서 보여준 것은 그녀와 함께 싸운 친구들의 사진이었다. 하나같이 중학생, 고등학생 정도의 어린 나이였다. 엘런은 "이 아이는 죽었어요. 이 아이도요." 하고 담담하게 사진을 넘겼다. 친구들 대다수가 전투와 질병으로 사망한 것이다. 엘런은 홀로 네 살짜리 두 아이를 키우고 있었다. 한 명은 엘런이 낳은 아이, 또 한 명은 엘런 친구의 아이인데, 아이 엄마는 전투 중에 전사했다고 한다.

당시 라이베리아에서는 군인인 남자들은 일자리를 얻는 반면 여군들은 '여자가 무기를 들었다'는 이유로 비난받고, 교육을 받을 수도 취업을 하기도 어려운 상황이었다. 교육도 일자리도 없는 상황에서 엘런은 사회적 지위가 있는 사람에게 성적 착취를 당하며 어린 자식들을 품에 안고 하루하루 버텼다.

만일 엘런이 중학생이던 때 '법의 통치'가 있었다면 경찰은 범죄를 단속하고 사법은 공정한 재판을 했을 것이다. 엘런처럼 강간 피해를 당한 중고생들이 보복을 위해 사람을 죽여 자신들도 가해자가 되는 일은 일어나지 않았을지 모른다.

또 그 무렵, 가볍고 관리와 위조가 쉬운 데다 살상까지 가능한 자동소총이 외국에서 많이 유입되면서 성인은 물론 몸집이 작은 어린아이들까지 전투에 참여할 수 있었다. 만일 총기류 불법 유통을 단속하는 법이 존재하고 제대로 실행되었다면 많은 목숨을 구할 수 있었을 것이다.

그리고 분쟁 직후의 라이베리아에서는 여성이나 심신에 장애가 있는 사람들 대부분이 교육과 취업의 기회를 박탈당해 부흥에서 소외되었다. 만일 한 사람 한 사람이 존중받는 사회라면 어땠을까? '여자(아이)니까', '장애가 있으니까' 같은 차별도 줄고 배제나 따돌림 같은 눈에 보이지 않는 폭력에 시달리는 일도 없었을 것이다.

과연 엘런의 이야기가 이곳에 사는 여러분에게 먼 나라 이야기이기만 할까? '선진국'이라 불리든 '개발도상국'이라 불리든 사회의 틀은 쉽게 무너진다. 그리되지 않기 위해서 우리가 지금 여기서 할 수 있는 일은 무엇일까? 또 그렇게 됐을 때 우리 한 사람 한 사람은 무엇을 할 수 있을까? 내가 엘런이었다면 어떻게 살아갔을까? 지금도 문득 많은 생각이 든다.

모든 목표는 연결되어 있다

가니에 노리치카(蟹江憲史) ● 게이오대학 대학원 정책·미디어연구과 교수

SDGs를 생각할 때 중요한 특징 두 가지가 있다. 하나는 이 책 11쪽에서도 언급했듯이 SDGs에서 꿈꾸는 미래 모습을 기준으로 미래에서 현재를 생각할 것. 그러면 지금의 상황에 얽매이는 일 없이 무엇이 필요한지가 보인다. 또 하나는 과제를 종합적으로 생각하는 것이다.

SDGs는 이 세상의 과제 거의 전부를 포괄적으로 다루고 있다. '거의 전부'라고 하는 이유는 다루지 않는 과제도 있기 때문이다. 예컨대 '원자력 발전을 앞으로 어떻게 해야 하는가'라는 과제는 SDGs에 포함되어 있지 않다. 의견이 극단적으로 갈리는 과제에 대해서는 아직 다 함께 미래의 모습을 공유하는 단계에 도달하지 않았기 때문에 직접적인 언급을 하지 않는 상태다. 하지만 '지속가능한 에너지'란 무엇인가?, 혹은 '폐기물을 관리'한다는 관점에서는 원자력 발전에 대해 생각해 볼 수도 있다. 이처럼 관련된 과제의 관점에서 생각하는 것까지 포함하면 과제 대부분을 SDGs에서 다루고 있는 셈이다.

17개의 입구 너머에

이처럼 '포괄적'인 목표라는 점에서 모든 목표를 다 고려해야 하니 보통

일이 아닐 듯싶다. 그러나 SDGs가 훌륭한 이유는 모든 목표를 생각하지 않아도 모든 목표를 생각하는 것과 마찬가지이기 때문이다. 이상하게 들리겠지만 이는 17개의 목표가 있다고 해서 모든 사람이 목표 17개 또는 세부 목표 169개를 전부 생각해야 하는 것은 아니라는 의미다. 각자 자신에게 중요한 과제를 목표의 입구로 삼으면 된다. 사실 그렇게 하면 차례차례 관련 목표로 연결되면서 결과적으로 17개, 또는 거의 17개에 가까운 목표를 다루게 된다. 마치 '고구마 줄기'처럼 목표가 줄줄이 연결되는 것이다.

국가나 기업, 자치단체나 학교 등 하나의 주체는 각자 먼저 해결해야 할 과제가 있기 마련이다. 예를 들면 지금 일본은 '여성 활약 추진'이나 '근무 방식 개혁'과 같은 과제를 우선 해결하겠다고 나섰다. SDGs에서 전자는 목표5, 후자는 목표8에 해당한다. 그런데 '여성 활약 추진'을 실행에 옮기고자 조금만 생각해 보면 싱글맘의 빈곤(목표1), 교육의 자세(목표4), 고용 방식(목표8), 남녀 혹은 세대 간의 격차와 편견(목표10), 임산부가 살기 좋은 도시와 교통수단(목표11), 공공기관 및 의사결정 시스템(목표16) 등 실로 다양한 목표가 이 문제와 관련이 있음을 알 수 있다. 구체적인 행동을 고민해 보면 관련된 목표는 더 많이 나올 것이다. 즉, SDGs의 목표 17개는 해결의 입구가 17개 있다고 생각하는 것이 자연스럽다. 어느 문 하나를 열면 다른 목표들이 딸려 나오는 것이 SDGs다.

이는 사회의 수많은 과제가 서로 복잡하게 얽혀 있으며 서로 관련이 있음을 의미한다. 국가의 행정 조직과 자치단체는 건축, 에너지, 농업 등 부문별로 나뉘어 분업하고 있다. 그건 그것대로 과제를 효과적으로 해결하기도 하지만, 현대사회에서는 개별 부문만으로 해결할 수 있는 일은 극히 드물다. 과제 대부분은 종합적, 통합적으로 생각해서 해결할 필요가 있다.

유연한 발상이 SDGs 달성의 원동력

그렇다면 실제로 어떻게 행동해야 할까? 가령 12.3이라는 세부 목표는 2030년까지 1인당 음식물 쓰레기를 절반으로 줄이고자 한다. 하지만 동시에 목표2.1은 기아를 없애는 것이다. 양쪽 모두 식품과 관련된 과제. 기아를 없애기 위해서는 식량 생산을 늘려 더 많은 사람에게 혜택이 가도록 해야 한다. 하지만 그렇게 하다 보면 생산과 판매 과정에서 먹을 수 없는 식재료나 팔 수 없는 식품도 더 나오기 때문에 음식물 쓰레기도 증가한다.

여기서 중요한 것이 통합적으로 생각하는 태도다. 12.3과 2.1을 동시에 달성하려면 어떻게 해야 할까? 예를 들면 아직 먹을 수 있는데 버려지는 식품(유통기한이 지났거나 필요 이상 구입해서 쌓인 재고)을 모아서 먹을 것이 부족한 사람들에게 전달하는 방법이 있다. 또는 필요한 만큼만 사는 습관을 들이거나 남은 음식 또는 유통기한이 다 된 재료로 음식을 만드는 요리법을 고민해 보는 식이다. 가정에서부터 음식물 쓰레기를 줄인다면 그만큼 굶주리는 사람들에게 식량이 돌아갈 가능성이 커진다. 하지만 그러기 위해서는 뜻을 같이하는 사람이 많고, 생산된 식량이 굶주리는 사람들에게 돌아가는 시스템을 고민해야 한다. 유통을 담당하는 사람, 소비자, 생산자 등 지금까지 별 관련이 없던 사람들이 힘을 모아 공통의 목표를 향해 노력할 필요가 있다. 이 밖에도 좋은 아이디어는 많을 것이다. 또 이러한 유대는 지식과 기술 습득에 관한 4.7, 사회기반시설 개선을 목표로 하는 9.4, 기후 변화 대책인 13.2 등에서도 생각해 볼 수 있다.

앞으로 우리에게 필요한 것은 유대를 생각하고 새로운 행동과 활동을 창출하는 '유연한 발상'이다. 무언가를 얻으면 무언가를 잃는 것이 아니라 그 둘을 동시에 해결하는 일이 필요하다. 그때는 2030년까지의 '시간'이 조력

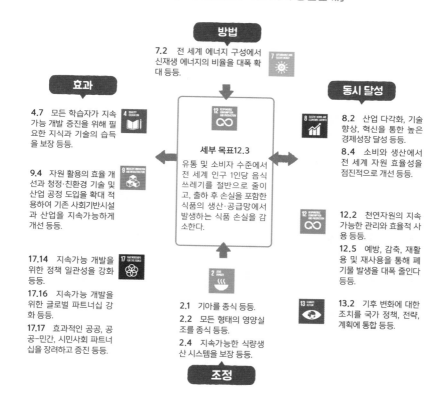

[세부 목표12.3과 다른 세부 목표와의 상관관계]

방법

7.2 전 세계 에너지 구성에서 신재생 에너지의 비율을 대폭 확대 등등.

효과

4.7 모든 학습자가 지속 가능 개발 증진을 위해 필요한 지식과 기술의 습득을 보장 등등.

9.4 자원 활용의 효율 개선과 청정·친환경 기술 및 산업 공정 도입을 확대 적용하여 기존 사회기반시설과 산업을 지속가능하게 개선 등등.

17.14 지속가능 개발을 위한 정책 일관성을 강화 등등.

17.16 지속가능 개발을 위한 글로벌 파트너십 강화 등등.

17.17 효과적인 공공, 공공-민간, 시민사회 파트너십을 장려하고 증진 등등.

세부 목표12.3
유통 및 소비자 수준에서 전 세계 인구 1인당 음식 쓰레기를 절반으로 줄이고, 출하 후 손실을 포함한 식품의 생산·공급망에서 발생하는 식품 손실을 감소한다.

동시 달성

8.2 산업 다각화, 기술 향상, 혁신을 통한 높은 경제성장 달성 등등.

8.4 소비와 생산에서 전 세계 자원 효율성을 점진적으로 개선 등등.

12.2 천연자원의 지속 가능한 관리와 효율적 사용 등등.

12.5 예방, 감축, 재활용 및 재사용을 통해 폐기물 발생을 대폭 줄인다 등등.

13.2 기후 변화에 대한 조치를 국가 정책, 전략, 계획에 통합 등등.

2.1 기아를 종식 등등.
2.2 모든 형태의 영양실조를 종식 등등.
2.4 지속가능한 식량생산 시스템을 보장 등등.

조정

자가 될 것이다. 지금 당장은 불가능해도 시간을 들이면 가능한 일도 있다. '대량 생산과 대량 소비'는 경제를 번영하게 했으나 많은 국가가 개발에만 몰두해 온 탓에 지구에 과부하가 걸렸고 빈부 격차는 심화했다. 이러한 경향에 제동을 걸기 위해서는 여러 문제를 동시에 해결하는 지혜가 필요하다.

미래를 위해 통합적으로 활동하는 것이야말로 SDGs의 모든 목표를 달성해 가는 핵심 요소라 할 수 있다.

함께 배우고 함께 행동하자

산토 료분(山藤旅聞) (생물 교사) 야마모토 다카오(山本崇雄) (영어 교사)
●도쿄도립 무사시고등학교·부속중학교 교사 / 미래교육디자인 Confeito 공동설립자

여러분은 뭘 좋아하나요? 요즘 푹 빠져 있는 건 뭔가요? 지금 생각한 여러분이 '좋아하는 것, 푹 빠져 있는 것'의 연장 선상에 SDGs는 없었나요? 여러분이 좋아하는 것이 SDGs라는 '창'을 통과하면 세계의 과제와 연결된다는 사실을 아는지요? 자신이 하고 싶은 일이 모두를 위한 일이 되기도 한다는 사실을 실감할 수 있는 것이 SDGs의 매력 중 하나입니다.

또 SDGs의 해결 방법은 하나가 아닙니다. 학교에서는 대개 정답이 하나뿐이지만 SDGs의 해결 방법은 그렇지 않습니다. 여러분답게, 여러분이 할 수 있는 방법으로 노력하면 된답니다. 가슴이 두근거리지 않나요?

내가 뭘 할 수 있을까를 궁리하다 보면 뭘 할 수 없는지도 알게 됩니다. 혼자서 할 수 없는 일은 함께할 사람을 찾아 보세요. 파트너십를 맺는 것이죠. 누군가에게 이야기해서 공감을 얻지 못했다면 전달하는 방식을 조금 바꿔서 다음 사람에게 이야기해 봅시다. 그러다 보면 여러분과 행동을 같이할 친구가 나타나서 파트너십이 생깁니다.

SDGs는 세계 공통 언어입니다. 전 세계 사람들과 파트너십을 맺을 수 있죠. 이 또한 SDGs의 매력입니다. 국경을 초월해 미래에 대해 서로 이야기를 나누는 시대가 찾아왔습니다. 정말 가슴 설레는 일이죠. 또 SDGs의 과제를 잘 읽어 보면 모든 과제가 다 중요하다는 생각이 듭니다. 그건 여러분의 타고난 윤리관이 작동하는 거랍니다. SDGs라는 '창'을 통해 미래를 내다보고 본래 인간이 지닌 윤리관으로 판단해 행동합니다. 그리고 행동하면서 배우는 것이죠. 이 책을 손에 들고 행동하고 싶어 몸이 근질대는 친구가 가까이에 있을지도 모릅니다. (산토)

여러분은 어른들이 하는 말이나 사회에서 일어나는 일에 의문을 가져본 적은 없나요? 그리고 "어른들이 그렇게 말하니까", "사회 구조가 그러니까" 하면서 '답' 찾기를 포기하고 있지는 않나요?

미래 사회는 우리 어른들이 경험한 적이 없는 변화로 넘쳐나는 사회가 될거라고 합니다. 예컨대 업무 대부분을 AI가 할 수 있게 된다는 이야기는 들어본 적이 있을 겁니다. 새로운 직업이 생기고 일하는 방식도 달라지겠지요. 앞으로 다가올 세상은 한마디로 말하면 '예측 불가능한 세상'입니다. 이 '예측 불가능한 세상'을 경험하지 않은 우리 어른들이 여러분에게 미래 사회를 살아가는 법에 관해 절대적인 '답'을 조언할 수는 없습니다. 그러니 어른들이 "그건 불가능해"라는 말을 하더라도 '답' 찾기를 포기하지 마세요.

그러나 우리 어른들에게는 지혜와 협동으로 수많은 과제를 해결해 온 경험이 있습니다. 이 경험은 아직 쓸 만하답니다. 유연하고 반짝이는 창조성으로 넘쳐나는 여러분들과 미래를 포기하지 않는 어른들이 파트너십을 맺어 행동한다면 SDGs도 반드시 이룰 수 있습니다.

만일 여러분이 이 책에서 읽은 내용에 의문이 든다면 책을 덮으세요. 먼저 행동으로 옮깁시다. 의문의 '답'을 찾으러 갑시다. 어떻게 행동해야 할지 모르겠다면 어른들과 이야기를 나눠 보세요. 이 책을 만든 사람들을 만나러 가도 좋습니다. 우리는 언제나 여러분을 기다리고 있을 테니까요. 우리 함께 미래를 만들어갑시다. (야마모토)

중학생들과 함께 생각한 '미래에 대한 질문'

미래를 향해 나아갈 때 중요한 것은 다른 사람의 마음을 움직이고 행동을 이끌어낼 수 있는 질문을 계속하는 것이 아닐까요? "그런 거라면 한번 해보자!" 하는 취지에서 Think the Earth 사무소에 중·고생들과 어른들이 모여 생각해 보았습니다. 독자 여러분은 새로운 미래를 위해 어떤 질문을 만들겠습니까?

18번째 목표를 만든다면 어떤 목표?

누구와 함께라면 행동할 수 있을까?

좀 더 많은 사람에게 알리기 위해 SDGs를 즐겁게 하려면?

여러분의 부모님은 알고 있나요? 행동하고 있나요?

나의 행동과 성과를 어떻게 하면 실제로 드러나게 할 수 있을까?

어른과 아이들이 협력하려면 어떻게 해야 할까?

뜻을 같이하는 사람과 연대하려면 어떻게 하면 될까?

SDGS를 달성한 미래에서 '나'의 역할은?

'지속가능개발목표'를 젊은 사람들의 말로는 뭐라 할까?

행동하고 싶어도 두려워서 못 하고 있다. 어떻게 해야 할까?

SDGs를 3R*처럼 상식으로 만들려면?

옛날 사람들은 지속가능에 대해 생각했을까?

우리 동네의 SDGs를 생각해 보지 않을래요?

SDGs는 달성하면 끝인가?

2030년 이후 SDGs의 다음 목표는 어떻게 될까?

2030년, 당신은 몇 살인가요?

SDGs를 달성하기 위해 당신이 인내 할 수 있는 건 무엇?

행동하는 사람을 진심으로 지지할 수 있는 세상이 되려면 어떻게 해야 할까?

주변 어른들은 어떻게 하면 움직일까?

달성하지 못하면 어떻게 될까?

● 3R: 절약(reduce), 재사용(reuse), 재활용(recycle)의 각 첫 글자를 딴 환경 운동 표어.

질문 만들기에 참가한 중고생들 : 淺見道也, 老松京香, 大貫萌子, 落合航一郎, 川野由菜, 川俣 愛, 小林里紅, 坂井雪音, 島崎恵茉, 菅間詩桜, 鈴木沙菜, 高橋萌文子, 西上 慧, 新田倫子, 村山一央

SDGs에 관심을 가지고 행동하고 싶어 하는 아이들 혹은 교사들은 미래 교육 디자인 Confeito에 접속해 보세요.
http://www.confeito.org

2050년
해양 플라스틱 폐기물 총량은
물고기의 총량을 넘었다고 한다.

나는

어떻게 해야 할지 모르겠어。

SDGs부
첫 발표는

학교 축제에서 선보인 '재활용 악기 밴드'였다

대성공이었다.

성공은 개뿔!

그다음에 한 것이

200원이면
아프리카 어린이의 급식
1인분입니다!

자, 어서 게무!
서둘러!

다이의 오리지널 과자로

테이블 포 투

또 대성공!!
오리지널 과자

월 1회 개최하는 소의 워크숍은

많은 사람에게 SDGs를 알리는 계기가 됐다.

그게 바로

행동이야.

나는   이 매너티를 타고

천천히 나아가는 건지도

아름다운 바다가 있는

이래로

SDGs부 문화제

SDGs에 관해 더 공부하고 싶은 사람들에게

이 책을 읽고 SDGs에 대해 좀 더 알고 싶은 사람이나 행동하고 싶은 사람을 위해 누구나 이용할 수 있는 프로젝트, 책, 웹사이트를 소개한다. 꼭 활용해 보자.

프 로 젝 트

SDGs for School
produced by Think the Earth

SDGs for School은 SDGs를 즐겁고 쉽게 배울 수 있는 교재(도서, 영상, 커리큘럼)를 만들어 교사와 학생들의 배움을 지지하는 프로젝트와 교재를 제공할 뿐 아니라, 기업·미디어·자치단체·NPO/NGO·대학 등 다양한 기업·분야와 협력관계를 맺으며 각지의 지도자를 연결하기 위한 연수와 교류의 장을 만들고 있다. 출강 수업을 외에도 국내외 '문제의 현장'을 체험할 수 있는 투어 형식의 수업도 계획하고 있다. 최신 정보는 웹사이트를 체크해 보자.

▶ http://thinktheearth.net/sdgs/

SDGs.TV
produced by GreenTV.Japan

SDGs.TV는 SDGs의 17개 목표에 관한 단편 영상을 볼 수 있는 플랫폼 미디어로, 영국에서 시작된 환경 전문 인터넷 미디어와 제휴하는 환경 미디어 GreenTV Japan 10주년을 계기로 탄생했다. 전 세계에서 모은 각 나라, 각 지역의 다채로운 영상은 SDGs에 관한 공통의 과제를 인식하기 위한 유용한 도구다. 영상을 통해 깨달음과 공감을 이끌어냄으로써 다음의 행동과 협동을 만들어내는 러닝 플랫폼으로 활용이 가능하다. 영상 부분의 협력 파트너로서 SDGs for School에 참여하고 있다.

▶ https://sdgs.tv

유엔 SDGs 공식 사이트

▶ https://www.un.org/sustainabledevelopment/ (영어)

전 세계 SDGs에 대한 첫 단계가 되는 사이트. 텍스트, 영상, SNS 등 다양한 미디어를 통해 최신 정보를 알 수 있다.

유엔 지속가능 발전·지식플랫폼

▶https://sustainabledevelopment.un.org/sdgs/ (영어)

채택 시의 목표, 세부목표, 지표에 대한 공식 문서를 원문으로 읽을 수 있으며, 목표 달성을 위한 진척 상황도 해마다 갱신된다.

유엔 홍보센터 SDGs 페이지

▶http://www.unic.or.jp (일본어)

SDGs를 일본어로 알고 싶은 사람은 먼저 이곳에 접속해 보자. 17개의 로고를 다운로드할 수 있으며, 수업에 사용하기 좋은 일본어 영상을 모아둔 페이지도 있다.

유엔 대학과 함께 배우는 SDGs

▶https://jp.unu.edu/explore/ (일본어)

유엔 대학에 소속된 연구자와 그 연구 내용을 17개의 목표와 연결 지어 소개한 사이트. 관련된 기사와 출판물도 게재하는 등 정보가 풍부하다. 좀 더 전문적인 분야까지 깊이 공부하고 싶은 사람에게 적합하다.

ECOSOC YOUTH FORUM

▶http://www.un.org/ecosoc/en/ecosoc-youth-forum/ (영어)

유엔 경제사회 이사회의 주최로 해마다 열리는 포럼. 세계 각지에서 모인 젊은이들이 지속가능한 사회 실현을 위한 의견과 아이디어를 발표하는 귀중한 기회다. 꼭 한번 참가해 보자!

글로벌 콤팩트 네트워크 재팬(GCNJ)

▶http://ungcjn.org/sdgs/ (일본어)

SDGs 달성에는 기업과의 협력을 빼놓을 수 없다. 일본에서 그러한 협력을 촉진하는 역할을 하는 것이 GCNJ다. 기업 담당자의 인터뷰를 읽어보면 다양한 노력들이 시작되었음을 알 수 있다.

(※글로벌 콤팩트 네트워크 코리아 http://unglobalcompact.kr/)

SDGs 고등학생 주인의식 갖기 프로젝트

▶https://www.gyakubiki.net/sdgs/

전문적인 것을 더 배우고 싶다면 어느 대학에서 배우면 좋지? 그런 의문에 답해주는 사이트. 목표에서 역순으로 다양한 연구자의 기고문을 읽을 수 있다.

■ 감수 ────────────────────────

가니에 노리치카(蟹江憲史) ● 게이오대학 대학원 정책·미디어연구과 교수
정책·미디어 박사로 유엔 대학 서스테이너빌리티 고등연구소 시니어 리서치 펠로우, Earth System Governance 프로젝트 과학자문위원이다. 일본 정부 SDGs 추진본부 원탁회의위원, 내각부 지방창생추진사무국 '자치단체 SDGs 추진을 위한 전문가 검토회' 위원 등 SDGs 연구의 일인자이며, 연구와 실천의 양립을 도모하고 있다. 기타큐슈시립대학 강사, 조교수, 도쿄공업대학 대학원 부교수를 거쳐 2015년부터 현직에 있다. 저서로 『지속가능 발전 목표란 무엇인가~2030년을 향한 변혁의 어젠다』가 있다.

■ 투고자(원고 순) ────────────────────

네모토 가오루(根本かおる) ● 유엔 홍보센터 소장
TV아사히를 거쳐 1996년부터 2011년 말까지 UNHCR(유엔 난민고등판무관사무소)에서 아시아와 아프리카의 난민 지원 활동에 참여했다. 제네바 본부에서는 정책 입안, 민간 부분의 활동 자금 조달 코디네이터를 담당했다. WFP(유엔 세계식량계획) 홍보관, UNHCR 협회 사무국장을 역임했으며, 프리랜서 저널리스트를 거쳐 2013년 8월부터 유엔 홍보센터 소장을 맡고 있다.

이나바 마사키(稲場雅紀) ● 일반사단법인 SDGs 시민사회 네트워크 전무이사
1990년대 일본 내 빈곤 문제와 LGBT(성소수자)의 인권 확립에 기여했다. 2002년부터 아프리카의 에이즈 퇴치를 위해 에이즈 보건에 힘쓰는 아프리카와 일본의 NGO를 잇는 가교 역할을 해오고 있으며, 2009년 '밀레니엄 개발 목표' 달성을 지향하는 NGO 네트워크 '움직이다 → 움직이게 하다'를 설립했다. 2012년부터 SDGs의 보급에 관여하고 2016년 'SDGs 시민네트워크'를 설립했다.

기타무라 유토(北村友人) ● 도쿄대학 대학원 교육학연구과 부교수
게이오대학 문학부를 졸업하고 UCLA 석사·박사 과정을 수료했다. 유네스코, 나고야대학, 조치대학을 거쳐 현직에 있다. 캄보디아를 중심으로 아시아 개발도상국의 교육 문제를 연구하고 있으며 도쿄도 교육위원이기도 하다. 저서로는 『국제 교육개발 연구의 제일선』이 있다.

스도 신지(須藤シンジ) ● NPO법인 피플디자인연구소 대표이사
'마음의 장벽 허물기'를 창의적으로 실현하는 사상과 방법의 하나로 '피플 디자인'이라는 개념을 제창하고 있다. 다양한 소수자들이 자연스레 뒤섞여 살아가는 다이버시티 사회의 실현을 꿈꾸고 있다. 장애인에 대한 물리적·의식적 장벽 허물기, 장애인의 일자리 만들기를 출발점으로 시부야 구와 가와사키 시 등의 지자체와 손잡고 공동체 만들기를 추진 중이다.

시무타 노부코(紫牟田伸子) ● 시빅 프라이드 연구회 / 편집자 / 저널리스트
미술출판사, 일본디자인센터를 거쳐 2011년에 독립하여 '과제 해결을 위한 계획·설계'를 축으로 한 상품 개발 및 브랜딩, PR전략 등의 분야에서 일하고 있다. 주요 저서로는 『시빅 프라이드』, 『시빅 프라이드2』(공저), 『일본의 시빅 이코노미』 등이 있다. 다마 미술대학 등에 시간강사로 출강하고 있으며 본서 102쪽을 집필했다.

스에요시 리카(末吉里花) ● 일반사단법인 에티컬협회 대표이사

TBS 계열 〈세계 불가사의 발견!〉의 미스터리 헌터로서 세계 각지를 여행한 경험이 있다. 전국 각지에서 윤리적 소비를 보급하는 활동을 하고 있으며, 저서로는『기도하는 아이들』,『첫 윤리적 소비』가 있다. 도쿄도 소비생활대책심의회위원, 일본 에티컬 추진협의회 이사, 일본 서스테이너블 라벨 협회이사를 맡고 있다.

무라이 준(村井純) ● 게이오대학 환경정보학부 교수, 대학원 정책·미디어연구과 위원장

공학박사로 1984년 일본 최초의 대학 간 네트워크 JUNET을 설립하였으며, 1988년 WIDE 프로젝트를 설립했다. 내각관방 IT종합전략본부원, 내각 외 각 부처 위원회 주임을 맡아 국제학회 등에서도 활약했다. 2013년 ISOC(인터넷 협회)의 '인터넷 명예의 전당'에 헌액되었다. '일본 인터넷의 아버지'로 불린다.

아다치 나오키(足立直樹) ● 서스테이너블·비즈니스·프로듀서/주식회사 Response Ability 대표이사

도쿄대학 이학부와 동 대학원에서 생태학을 전공한 이학 박사다. 말레이시아에서 열대림 연구를 한 뒤 기업 컨설턴트로 독립한 이색 경력의 소유자로, 기업과 사회가 지속가능하기 위해서는 38억 년 생물의 진화에서 배워야 한다고 강조한다. 기업을 대상으로 자연자원을 어떻게 보호하면서 활용해야 하는지 지도하고 있다.

다세 가즈오(田瀬和夫) ● SDG파트너즈 대표이사 CEO

1992년 외무성에 입사하여 유엔 정책과와 행정과, 오가타 사다코(緒方貞子)의 보좌관 등을 거쳐 2005년 퇴직했다. 같은 해부터 10여 년간 유엔 안전보장이사회 과장, 2014년부터 딜로이트 토마츠 컨설팅집행 임원을 맡았으며, 2017년에 독립해 SDG파트너즈를 설립했다. 교육을 위한 글로벌 파트너십(GPE) 일본 코디네이터이며 유엔 포럼 공동대표로 있다.

가와구치 마리코(河口眞理子) ● 주식회사 다이와 종합연구소 조사본부 수석연구원

히토쓰바시대학 대학원 석사과정을 수료했다. 다이와 증권 분석전문가를 거쳐 다이와 종합연구소에서 CSR 및 사회적 책임투자의 조사연구에 종사하고 있다. 담당 분야는 지속가능 투자/ESG 투자, CSR/CSV, 소셜 비즈니스, 윤리적 소비 등이다. 유엔 글로벌 콤팩트 네트워크 재팬 이사, NPO법인 일본 서스테이너블 투자 포럼 공동대표이사 등을 역임하고 있다.

고야마 슈쿠코(小山淑子) ● 와세다대학교 강사

분쟁해결학 석사로 유엔 군축연구소에서 소형 무기 회수 조사, 콩고 민주공화국의 유엔 PKO미션에서 병사의 무장 해제, 동원 해제, 사회 복귀 지원(DDR)에 종사한 뒤 2007년부터 국제노동기구에서 근무하고 있다. 평화 구축 및 자연재해 대응 업무를 했다. 2016년 4월부터 현직에 있다.

산토 료분(山藤旅聞) ● 도쿄도립 무사시고등학교·부속중학교 생물교사

지속가능한 사회를 이루기 위한 활동가 육성을 목표로 프로젝트형, 대화식 쌍방향 교육 디자인을 실천하고 있다. 다섯 명만 모이는 곳이라면 전국 어디든 찾아가 SDGs 수업이나 강연회를 열며, 학교의 틀을 벗어나 여러 프로젝트를 가동하고 있다. NHK 고교강좌 강사(2004~2017), 도쿄서적의 교과서 편집위원이다. 미래교육디자인 Confeito를 공동설립했다.

야마모토 다카오(山本崇雄) ● 도쿄도립 무사시고등학교·부속중학교 영어교사

자율적인 학생을 육성하는 학년을 운영하고, 영어 수업을 실천하고 있다. 자신의 실천과 이념을 정리한『왜 '가르치지 않는 수업'이 학력을 키울까?』는 베스트셀러가 됐다. 지속가능한 교육 디자인을 알리고자 출장 수업, 강연과 집필 활동 중이다. 영어 검정 교과서 New Crown의 편집위원이다. 다수의 저서가 있다. 미래교육디자인 Confeito의 공동설립자다.

■ 만화

그림 : 로빈 니시(ロビン西)

대표작으로〈마인드 게임〉,〈포에양〉,〈소울 플라워 트레인〉등이 있다.〈마인드 게임〉은 유아사 마사아키(湯淺政明) 감독이 애니메이션으로 제작하기도 했다. 문화청 미디어 예술제 장편 애니메이션 부문 대상을 수상했다.〈소울 플라워 트레인〉은 니시오 히로시(西尾孔志) 감독이 영화로 제작한 바 있다. 'Japan Hyper Culture Festival'(JFK center), 'Love Love Show'(도와다 시 현대미술관) 등에 참가했다.

기획·편집 : 이토 가빈(伊藤ガビン)

편집자이자 죠시미술대학 단기대학부 교수다. 편집자로 시작해 1990년대는 게임 제작 현장에서 수많은 게임 제작에 참여했다. 2000년대에는 디자인, 2010년대부터는 다시 편집을 메인으로 활동하고 있다. 만화 사이트〈맘바 통신〉, 첨단영상미디어〈NEWREEL〉편집장이다.

■ 집필(투고 순)

에구치 에리(江口絵理)(목표 개요문, 46쪽, 48쪽, 82쪽)

작가이자 편집자다.『생물 이야기』,『마실 거리 이야기』,『먹을거리 이야기』,『그린 허브 북』등 Think the Earth 도서 출간에 참여했다.『일렁일렁 얼룩무늬정원장어』(제21회 일본 그림책 상) 외 동물 관련 아동서도 다수 집필하고 있다.

고이즈미 아쓰코(小泉淳子)(34쪽, 36쪽, 60쪽, 76쪽, 84쪽, 124쪽, 144쪽)

편집자로 뉴스 주간지 기자와 편집자를 거쳐 서적과 무크지 편집 일을 하고 있다. 교육과 라이프 스타일, 문화 등을 취재했으며, 본서에서 제시하듯 관점을 조금 달리함으로써 얻을 수 있는 깨달음의 중요성을 전파하고 있다.

호리에 레이코(堀江令子)(40쪽, 42쪽, 52쪽, 54쪽, 58쪽, 96쪽, 126쪽, 148쪽)

작가로 인물 인터뷰와 라이프 스타일 기사 등을 취재·집필하며, 인생과 비즈니스에 관한 도서를 구성·집필하고 있다.

하시모토 쥰지(橋本淳司)(64쪽, 66쪽)

물[水] 저널리스트로서 물 문제와 그 해결 방안을 조사하며 알리고 있다. 아쿠아 스피어·수(水) 교육연구소를 설립해 자치단체, 학교, 기업, NPO, NGO와 연대하며 '스스로 생각하는 사람', '물을 이야기할 수 있는 사람'을 늘리는 등 물 문제 해결을 위해 활동하고 있다.

니시카와 아쓰코(西川敦子)(78쪽, 88쪽, 90쪽, 94쪽, 100쪽, 106쪽, 108쪽, 130쪽, 132쪽, 142쪽, 150쪽)

작가로 마음의 문제를 업무 방식이나 가족, 조직, 사회와 연결하며 탐구하고 있다. 저서로는 『워킹 우울증』, 『다 같이 혼자 살기-어른을 위한 쉐어하우스 안내』, 『케일의 힘』, 『돌변하는 여자의 마음을 과학하다』(다이아몬드사) 등이 있다.

가토 히사토(加藤久人)(118쪽, 120쪽)

릿쿄대학 불문학부를 졸업하고 잡지와 Web을 통해 환경, 업무 방식, 커뮤니티 등을 주제로 집필 활동을 하고 있다. 주요 저서로는 『그림 달력』이 있다. 하치오지협동에너지 대표이사, NPO 트랜지션 재팬 이사다.

편집 협력 독립행정법인 일본국제협력기구(JICA)

'신뢰로 세계를 연결하기'를 비전으로 내걸고 개도국에 대한 일본의 공적개발원조(ODA)를 일원적으로 행하는 독립행정법인. 세계의 해결 과제와 국제 협력을 알리기 위해 도쿄, 나고야, 삿포로의 '지구 광장'에서 체험형 전시나 이벤트를 여는 것 외에 청년 해외 협력대 경험자의 학교 출장 강좌, 교직원을 위한 국내·해외 연수, 학생용 교재 제작 및 보급을 하고 있다.

https://www.jica.go.jp/hiroba/ (JICA 지구 광장)

편저 일반사단법인 Think the Earth

'에콜로지와 이코노미의 공존'을 테마로 2001년 설립했다. 크리에이티브의 힘으로 사회, 환경 문제에 대한 무관심을 호기심으로 바꿔 지속가능한 사회 만들기에 동참할 사람과 기업 육성을 목표로 수많은 프로젝트를 추진하고 있다. 우주의 관점으로 지구를 바라보는 손목시계 <wn-1>, 사진집 『백년의 우행』, 그외 도서 『1초의 세계』, 『기후 변화+2℃』가 있으며 대형 영상물로 <생물 이야기>, 환경 교육 프로그램 <물의 학교> 등이 있다.

http://www.thinktheearth.net/jp/

본서는 일반사단법인 Think the Earth 활동의 하나로 제작되었습니다.

일반사단법인 Think the Earth
이사장: 미즈노 세이치(水野誠一)
이 사: 우에다 소이치(上田壯一) 고니시 겐타로(小西健太郎) 시라쓰치 겐지(白土謙二)
　　　　나가이 가즈후미(永井一史) 후루카와 스스무(古川享) 미야자키 미쓰히로(宮崎光弘)

지구의 내일을 부탁해!

SDGs(지속가능개발목표) 미래를 바꾸는 17가지 특별한 아이디어

1판 1쇄 찍은날 2019년 9월 26일
1판 3쇄 펴낸날 2021년 3월 17일

엮은이 | 일반사단법인 Think the Earth
그린이 | 로빈 니시
감수 | 가니에 노리치카
옮긴이 | 정미애
펴낸이 | 정종호
펴낸곳 | 청어람미디어(청어람e)

책임편집 | 김상기
마케팅 | 황효선
제작·관리 | 정수진
인쇄·제본 | (주)에스제이피앤비

등록 | 1998년 12월 8일 제22-1469호
주소 | 03908 서울 마포구 월드컵북로 375, 402호
이메일 | chungaram_e@naver.com
전화 | 02-3143-4006~8
팩스 | 02-3143-4003

ISBN 979-11-5871-115-3 43330
잘못된 책은 구입하신 서점에서 바꾸어 드립니다.
값은 뒤표지에 있습니다.

청어람 e)) 는 미래세대와 함께하는 출판과 교육을 전문으로 하는 청어람미디어의 브랜드입니다.
어린이, 청소년 그리고 청년들이 현재를 돌보고 미래를 준비할 수 있도록 즐겁게 기획하고 실천합니다.

SDGs 워크시트 사용법!

책 뒤에 있는 워크시트를
오리거나 컬러 복사를 하자.

시트로 사용하기

● 개인
① 나열된 17개의 목표(로고와 키워드)에 대한 개인적인 의문을 마음껏 적어 보자.
② 관련이 있어 보이는 목표나 의문을 선으로 이어 보자.
③ 관심이 가는 목표 페이지를 읽어 보자.
④ 읽고 나서 드는 의문점을 도서관이나 인터넷에서 조사해 보자.
⑤ 의문에 대한 자기 나름의 답을 적어 보자.

카드로 사용하기

● 개인
① 직감적으로 관심이 가는 카드를 한 장 선택하자.
② 도화지 한가운데에 선택한 카드를 놓자.
③ 카드 주위에 궁금한 점이나 의문을 가득 적자.
④ 자신이 선택한 목표와 관련된 페이지를 읽고 알게 된 점을 적어 넣자.
⑤ 새로 생각난 의문을 조사하고 자기 나름의 답을 찾아 보자.

● 4~5명의 그룹
① 직감적으로 관심이 가는 카드를 각자 2~3장 선택하자.
② 왜 관심이 가는지 함께 이야기해 보자.
③ 자신이 선택한 목표와 관련된 페이지를 읽고 더 깊이 이해하자.
④ 함께 의견을 교환하고, 자신이 알게 된 점을 공유하자.
⑤ 그룹 전원의 설명을 듣고 가장 흥미가 가는 목표를 1장 선택해서 카드 뒷면에 의문점을 적어 보자.
⑥ 그 의문을 조사해서 자기 나름의 답을 찾아 보자.

● 4~5명의 그룹, 학급 또는 학년 전체
① 직감적으로 중요하다고 생각하는 순서로 나열해 보자(자유로운 형태로 디자인).
② 만든 형태의 이유에 관해 함께 이야기를 나누자.
③ 그룹 내에서 한 사람만 남고 나머지는 다른 테이블로 이동한다.
④ 남은 사람이 다른 그룹에서 온 친구들에게 자신의 그룹이 만든 형태의 이유를 설명하자(시간에 따라 이를 몇 차례 반복).

각 활동이 끝난 뒤 서로 발표를 해도 좋아.

너희들이 생각하는 '미래를 바꾸는 아이디어'는 뭘까 궁금한걸.

Sustainable Development Goals?

SUSTAINABLE
DEVELOPMENT
GOALS

no one will be left behind

SUSTAINABLE DEVELOPMENT G⚙ALS

17 GOALS TO TRANSFORM OUR WORLD

SUSTAINABLE
DEVELOPMENT
G⚙ALS